Reinhard Hirtl

In vollkommener Liebe leben

Gottes Liebe erleben und weitergeben

Aufbruch-Verlag

Titel der Originalausgabe:
Walking in perfect love

Waidmannsluster Damm 7 c-e
13507 Berlin
Tel.: 030 / 85 79 19 444
E-Mail: info@gadwmedien.de

Die Bibelstellen sind, sofern nicht anders angegeben, zitiert aus:
Bibeltext der Schlachter 1951

1. Auflage 2019
Übersetzung aus dem Englischen: Aufbruch-Verlag
Satz: Aufbruch-Verlag
Coverdesign: Tobias Martin
Druck: ARKA Cieszyn PL, www.arkadruk.pl
ISBN: 978-3-926395-91-7

Brazilian KidsKare

Reinhard und Debi Hirtler sahen die große Not der vielen armen Kinder in Brasilien, die teilweise auf der Straße leben müssen. Als sie dieses furchtbare Leid sahen, brach es ihnen das Herz. Vier Monate lang weinte Reinhard jeden Tag um die Leben dieser Millionen von armen Kindern. Mädchen, die sich bereits mit sieben Jahren prostituieren, da sie nichts zum Essen haben, sowie Kinder, die täglich missbraucht werden, raubten ihnen den Schlaf.

Im Jahr 2015 entschieden sie sich, etwas dagegen zu unternehmen. Sie gründeten einen gemeinnützigen Verein und begannen mit der Arbeit, diesen armen Kindern Hoffnung zu geben. Inzwischen haben sie bereits drei Häuser gekauft. Davon ist eins ein Waisenhaus mit zurzeit 44 Kindern. Die anderen beiden sind Tageskinderstätten mit etwa 170 Kindern für die Ärmsten der Armen dieser Kinder. Ihr Ziel ist es, 100 Waisenhäuser in Brasilien zu gründen. Jeder Cent des Gewinns, den der Autor durch dieses Buch hat, kommt dieser Arbeit zugute.

Sie können diese Arbeit unter „www.braziliankidskare.org“ sehen.

Inhaltsverzeichnis

Danksagungen

Ich wurde mit vielen wunderbaren Freunden im Leib Christi gesegnet. Ich habe nicht die Zeit und den Platz, um hier alle zu erwähnen, aber ich möchte all den wunderbaren Menschen in den verschiedenen Ländern dieser Welt danken, die mit mir gegangen sind und bereit waren, mich trotz meiner selbst zu lieben. Sie haben mir wirklich bedingungslose Liebe gezeigt.

Ich möchte meiner Familie danken. Meine Söhne Daniel und Christopher haben mich in einigen der schwierigsten Momente meines Lebens geliebt. Ich war keineswegs der perfekte Vater, aber sie haben mich trotzdem geliebt. Ich lebe seit 28 Jahre mit meiner Frau Debi zusammen. Wie dankbar bin ich für ihre Ermutigung und Liebe in all den Jahren. Ich weiß ganz sicher, dass ich ohne sie nicht da wäre, wo ich heute bin.

1999 stellte mir Pastor Marcelo Almeida, der mir im Laufe der Jahre so viel Liebe gezeigt hat, für die ich sehr dankbar bin, Pastor Aluizio Silva und seine Frau Pastora Marcia vor. Ich habe sie über viele Jahre hinweg mehrmals getroffen. Im März 2014 zogen meine Frau und ich nach Goiania in Brasilien. Seit wir da sind, haben sie uns immer wieder mit Liebe überschüttet. Wir sind ihnen außerordentlich dankbar dafür, dass sie uns den Charakter und die Liebe Gottes gezeigt haben.

Und zum Schluss: Nie hat mich jemand so geliebt wie mein Jesus. In meinen schwächsten Momenten war Er meine Stärke. Als alles andere in meinem Leben auseinanderfiel, war Er für mich da. Als ich untreu war, war Er treu. Er heilte mein verwundetes Herz und gab mir eine sichere Zukunft. Ich werde Ihm bis zu dem Tag folgen, an dem ich diese Erde verlasse.

Einführung

Die Bibel sagt viel über das Thema Liebe. Im Leib Christi gibt es viele Missverständnisse zu diesem Thema. Einer der Gründe dafür ist, dass wir die wahre, biblische Bedeutung der Liebe nicht verstehen. Ich kannte einen Mann persönlich, der starb und wegen einer gebrochenen Arterie in den Himmel kam. Als er in den Himmel kam, war das erste, was Jesus ihn fragte: „Hast du während deines Lebens auf der Erde gelernt zu lieben?" Drei weiteren Personen wurde die gleiche Frage gestellt, während sie dort bei Jesus waren. Als sie versuchten, Ausreden zu finden, warum es ihnen nicht möglich war zu lernen, wie man in Liebe lebt, wurde sehr deutlich, dass Jesus keine dieser Ausreden akzeptierte. Dies hatte zwar keinen Einfluss auf ihre Errettung, aber umso mehr auf ihren ewigen Lohn. Dieser Mann wurde übernatürlich geheilt, erwachte zum Leben und lebte noch viele Jahre. Diejenigen, die ihn genau kannten, sagten alle das Gleiche über ihn – dass es nach diesem Vorfall sein größtes Ziel im Leben war, ein Leben in Liebe zu führen.

Es ist einer der tiefsten Wünsche meines Herzens, wirklich in Liebe zu leben. Ich bin überzeugt davon, dass Liebe der Weg zu einem siegreichen christlichen Leben ist. Ich wage nicht zu glauben, dass ich dieses Ziel erreicht oder perfektioniert habe. Aber ich tue das, was der Apostel Paulus sagte: *Eins aber tue ich: Ich vergesse, was dahinten ist, und strecke mich aus nach dem, was vor mir ist (Phil 3,14).* Ich glaube, es gibt keinen besseren Weg, das Leben anderer Menschen zu beeinflussen als durch Liebe. Oft konzentrieren wir uns unter Christen mehr auf die Gaben, Salbungen und Berufungen als auf die Liebe, welche im Leben von Menschen sichtbar wird.

Es ist mein Gebet, dass dir dieses Buch helfen wird, in der Liebe zu Jesus und zu allen anderen zu wachsen.

Schließlich bleiben diese drei: Glaube, Hoffnung und Liebe. Aber die Liebe ist die größte. (siehe 1 Kor 13,13)

Kapitel 1

In Liebe leben

Bevor wir mit der Lehre über ein Leben in Liebe beginnen, möchte ich darauf hinweisen, dass alles, was jetzt an Lehre kommt, nicht aus eigener Quelle zu bewerkstelligen ist, sondern man benötigt dafür die Liebe Gottes und muss selber dauerhaft mit ihr gefüllt sein. Wie man das praktisch macht, wird im hinteren Teil des Buches ab Kapitel 12. beschrieben.

Wenn wir über Liebe reden, müssen wir zwangsläufig zur bekanntesten Passage über Liebe im Neuen Testament kommen, nämlich zu 1. Korinther 13. In diesem Kapitel beschreibt der Apostel Paulus die Bedeutung der Liebe mehr als in jedem anderen seiner Briefe. Etwas, das beim Verständnis der Bibel oft übersehen wird, ist, dass sie nicht in Kapiteln und Versen geschrieben wurde. Wir müssen die Bibel in ihrem Kontext betrachten, der nicht immer durch Kapitel und Verse getrennt ist. In welchem Zusammenhang steht 1. Korinther 13? Lass uns den letzten Vers von Kapitel 12 und den ersten Vers von Kapitel 14 dazu nehmen und die Stelle damit in ihrem Kontext lesen. 1. Korinther 12,31 bis 1. Korinther 14,1 sagt:

> *12,31Strebet aber nach den besten Gaben; doch zeige ich euch jetzt einen noch weit vortrefflicheren Weg: 13,1Wenn ich mit Menschen und Engelzungen rede, aber keine Liebe habe, so bin ich ein tönendes Erz oder eine klingende Schelle. 2Und wenn ich weissagen kann und alle Geheimnisse weiß und alle Erkenntnis habe, und wenn ich allen Glauben besitze, so dass ich Berge versetze, habe aber keine Liebe, so bin ich nichts. 3Und*

wenn ich alle meine Habe austeile und meinen Leib hergebe, damit ich verbrannt werde, habe aber keine Liebe, so nützt es mir nichts! 4Die Liebe ist langmütig und gütig, die Liebe beneidet nicht, sie prahlt nicht, sie bläht sich nicht auf; 5sie ist nicht unanständig, sie sucht nicht das Ihre, sie lässt sich nicht erbittern, sie rechnet das Böse nicht zu; 6sie freut sich nicht über die Ungerechtigkeit, sie freut sich aber der Wahrheit; 7sie erträgt alles, sie glaubt alles, sie hofft alles, sie duldet alles. 8Die Liebe hört nimmer auf, wo doch die Prophezeiungen ein Ende haben werden, das Zungenreden aufhören wird und die Erkenntnis aufgehoben werden soll. 9Denn wir erkennen stückweise und wir weissagen stückweise; 10wenn aber einmal das Vollkommene da ist, dann wird das Stückwerk abgetan. 11Als ich ein Kind war, redete ich wie ein Kind, dachte wie ein Kind und urteilte wie ein Kind; als ich aber ein Mann wurde, tat ich ab, was kindisch war. 12Wir sehen jetzt durch einen Spiegel wie im Rätsel, dann aber von Angesicht zu Angesicht; jetzt erkenne ich stückweise, dann aber werde ich erkennen, gleichwie ich erkannt bin. 13Nun aber bleibt Glaube, Hoffnung, Liebe, diese drei; die größte aber von diesen ist die Liebe. 14,1Strebet nach der Liebe; doch eifert auch nach den Geistesgaben, am meisten aber, dass ihr weissagen könnet!

Wie gesagt, der Apostel Paulus hat diesen Brief an die Korinther nicht in Kapiteln und Versen geschrieben. Manchmal machen wir den Fehler, dass wir die Bibel in Kapitel und Verse unterteilen, wenn wir versuchen, sie zu verstehen oder auszulegen. Ich verstehe, warum Bibelübersetzer sie auf diese Weise aufgeteilt haben. Es hilft uns, bestimmte Passagen schneller und einfacher zu finden. Aber so wurde der Brief vom Apostel Paulus nicht geschrieben. Die Bibel wurde so nicht geschrieben. Der Brief an die Korinther war einfach ein Brief.

Paulus schrieb den ganzen Brief auf einmal. Häufig ist die Art und Weise, wie die Bibel in Verse und Kapitel unterteilt wurde, nicht hilfreich. Und das sehen wir genau hier an dieser Stelle. Ich kann zwar verstehen, warum man das so gemacht hat, aber in diesem Fall ist es nicht hilfreich. Ich möchte dir zeigen, wie wichtig die Liebe ist. Paulus beendet seine Lehre über die geistlichen Gaben an die Gemeinde in Korinth. Im ganzen Kapitel 12 lehrt er über das Leben im Leib Christi und die Gaben des Heiligen Geistes. Paulus schließt dann diese Lehre über die Gaben des Heiligen Geistes in unserem Vers 31 ab. Er sagt:

Strebet aber nach den besten Gaben; (1 Kor 12,31)

Der Apostel Paulus sagt sehr klar, dass wir geistliche Gaben begehren sollen. Wir kennen die verschiedenen geistlichen Gaben, die dort erwähnt werden. Paulus sagt: „Verlangt sie; begehrt sie; habt das ernsthafte Verlangen, in diesen Gaben gebraucht zu werden." Doch dann fügt er folgendes hinzu: „Aber ich zeige euch einen noch besseren Weg." Was ist also der bessere Weg? Was ist herausragender oder wichtiger, als in den geistlichen Gaben verwendet zu werden? Folgendes müssen wir verstehen: Wir beurteilen Menschen in der Regel nach ihren Gaben. Es ist normal, und in der christlichen Welt sehr verbreitet, dass wir Menschen auf diese Weise beurteilen. Wir folgen dem Menschen mit der größten Salbung; wir folgen dem Menschen mit der größten Gabe. Wenn bestimmte Personen benutzt wurden, um mächtige Prophetien zu geben, dann wird diesen Menschen gefolgt. Sie werden begehrt und sie werden zu ganz besonderen Menschen. Wir bewundern sie, stellen sie auf ein Podest und machen sie zu etwas Großem. Das ist eine sehr gefährliche und ungesunde Angelegenheit im Leib Christi. Die Bibel warnt sogar davor, dies zu tun. Es ist nicht wichtig, wie stark du in den Gaben gebraucht wirst, wenn du nicht in der Liebe wandelst. Gott hat mich häufig sehr kraftvoll in der prophetischen Gabe eingesetzt. Gott hat mich benutzt, um unvorhergesehene Ereignisse zu prophezeien und viele verschiedene Dinge weiter zu geben. Ich habe etwa zwei Monate vor der Weltmeisterschaft 2014 die Prophetie erhalten, dass Brasilien erschüttert wird und dieses Erschüttern während der Weltmeisterschaft beginnen wird. Brasilien unterlag dann Deutschland mit 1:7 und dadurch ging ein echtes Beben durch die Nation. Ich wurde von Gott benutzt, um einige sehr dramatische und unvorhergesehene Ereignisse in der politischen Welt in Amerika zu prophezeien. Alle anderen sagten: „Das ist unmöglich, das kann nicht passieren." Aber es ist passiert. Aber nichts davon ist wichtig. Wir machen solche Dinge wichtig. Viele Leute sehen mich wegen dieser Gaben als jemand ganz Besonderen an. Und der Apostel Paulus sagt deutlich, dass wir diese geistlichen Gaben aufrichtig begehren sollten. Aber er fährt fort zu sagen – tatsächlich schließt er die ganze Lehre der geistlichen Gaben mit diesen Worten ab: „... und doch zeige ich dir einen noch besseren Weg."

Der bessere Weg

Es gibt etwas viel Besseres als geistliche Gaben. Es gibt etwas viel Besseres als die Art und Weise, in der wir die Salbung tragen. Es gibt etwas viel Besseres, als von Gott mächtig gebraucht zu werden und dass unglaubliche Gaben und Salbungen durch unser Leben fließen. Was ist dieser bessere Weg? Paulus zeigt es uns, als er in 1. Korinther 12,31 seine Lehre über die Gaben abschließt, indem er diesen besseren Weg anspricht.

Er spricht sofort über die Bedeutung der Liebe und darüber, dass wir ohne Liebe absolut nichts sind. Der bessere Weg – hervorragender als alle Gaben des Geistes; hervorragender als der spektakulärste Prophet der Welt; hervorragender als der mächtigste Apostel der Welt; und hervorragender als der unglaublichste Heilungsevangelist der Welt, der sogar die Toten auferweckt, die Kranken heilt und alle Wunder geschehen sieht – besser als all das sind der Mann und die Frau, die ihr Leben in Liebe führen. Was sagt er? *„Doch zeige ich* *euch jetzt einen noch weit vortrefflicheren Weg.*" Dieser vortreffliche Weg ist im nächsten Vers dargestellt, der natürlich 1. Korinther 13,1 ist.

Ich denke, dieses Thema der Liebe, in seiner Beziehung zu den Gaben, ist wahrscheinlich eines der am meisten vernachlässigten Themen im Leib Christi. Ich bin schon seit langem Christ. In der Tat wurde ich vor 34 Jahren ordiniert. Ich bin seit vielen, vielen Jahren Pastor, und ich habe unzählige Predigten über verschiedene Themen gehört, aber ich habe nicht viel über die wahre und reale Bedeutung eines Lebens in absoluter, vollkommener, biblischer Liebe gehört. Genau genommen ist es nicht einmal gängig, mit Menschen überhaupt über dieses Thema zu sprechen. Jetzt sagst du vielleicht: „Hey Pastor, jetzt hör mal auf. Das ist nicht wahr. Wir wissen, dass wir uns gegenseitig lieben müssen. Und wir sprechen über die Bedeutung der gegenseitigen Liebe."

Was ist Liebe?

Schauen wir uns an, was die Bibel wirklich über die Liebe sagt. Ich halte unser Verständnis von Liebe nicht für wirklich biblisch. Unsere Liebe ist häufig egoistisch. Oft lieben wir, damit wir zurückgeliebt werden. Das ist nicht das, was die Bibel über Liebe sagt. Wenn die Bibel von Liebe spricht, gibt es drei verschiedene Wörter, die verwendet werden, und ich werde später darüber sprechen. Das Wort, das in der Bibel für diese wahre Liebe verwendet wird, ist das griechische Wort agape. Eben dieses Wort agape steht für eine vollkommene, selbstlose Liebe. Es ist die göttliche Art der Liebe. Es ist eine Liebe, die keine Gegenleistung erwartet. Es ist eine Liebe, die absolut kein anderes Motiv hat, als zu lieben und zu opfern, auch wenn sie nie wiedergeliebt wird oder wenn sie abgelehnt wird.

Ich bin weit davon entfernt, ein Experte für das Leben in vollkommener Liebe zu sein, und ich wage hier nicht zu sagen, dass ich mein Ziel erreicht habe, aber ich kann sicherlich sagen, dass ich mich sehr anstrengen werde, ein Mann zu sein, der sein Leben in wahrer Liebe führt. Ich habe keinerlei Perfektion erreicht, aber ich bete jeden Tag, dass ich in dieser Art von Liebe lebe. Ja, die göttliche Liebe, welche der beste Weg ist und die Gott von uns die ganze Bibel hindurch verlangt, ist eine Liebe, die absolut nichts zurückerwartet. Es ist eine Liebe, die bereit ist, abgelehnt zu werden und weiterhin lieben wird. Die göttliche Liebe ist eine Liebe, die keine Hintergedanken hat, nicht einmal das Motiv, geliebt zu werden für das, was sie tut.

Ich hatte in diesem Sinne kürzlich ein Gespräch mit meiner Frau, welches sie nicht besonders glücklich machte, was jedoch nicht meine Absicht war. Meine Frau sagte zu mir: „Du musst vorsichtig sein, Schatz, wie du über diese Dinge redest, denn es könnte viele Menschen verletzen." Aber ich habe viel darüber nachgedacht, und es ist meine Überzeugung.

Ein paar Jahre vor dem Schreiben dieses Buches war ich gestorben, weil mein Herz aufgehört hatte zu schlagen, und ich bin in den Himmel gekommen. Ich erlebte den Himmel und Jesus und die wunderbare Realität von allem, und dann kam ich in meinen Körper zurück, wieder ins Leben.

Ich sagte zu meiner Frau: „Liebling, ich muss dir etwas sagen, womit du wahrscheinlich nicht einverstanden sein wirst. Wenn ich dich mit einer Liebe liebe, die völlig selbstlos ist, wenn ich dich mit einer Liebe liebe, in der es nicht um mich geht, sondern nur um dich, das heißt, dass ich nichts von dir bekommen will und nicht möchte, dass du mich zurückliebst; denn ich brauche es auch nicht, dass du mich zurückliebst; ich will dich einfach nur genau so lieben, wie Christus die Gemeinde liebt – solltest du dann vor mir sterben und in den Himmel kommen und an dem herrlichsten und schönsten Ort bei unserem geliebten Jesus sein, für den du in erster Linie erschaffen wurdest, dann werde ich nicht um dich weinen, weil du für Jesus und nicht für mich geschaffen wurdest, wie es in Kolosser 1,16 steht."

Jesus war nur so gut, sie mir für ein paar Jahre auf Erden zu leihen. Meine Frau sagte zu mir: „Wie kannst du zu mir sagen, dass du nicht weinen wirst, wenn ich sterbe, wenn du mich so sehr liebst? Das ergibt keinen Sinn. Du musst weinen." Ich sagte zu ihr: „Der einzige Fall, in dem ich weinen könnte, ist, wenn es nur um mich ginge: »Ich Armer; jetzt habe ich meine Frau nicht mehr.«" Ich glaube, der einzige Weg, den Trauerschmerz über den Verlust eines geliebten Menschen zu überwinden, ist, unseren Fokus von uns selbst und unserem Verlust auf den wunderbaren Gewinn der Person zu verlagern, die in die Gegenwart Jesu im Himmel eingetreten ist. Ich war vor kurzem in einem Männerlager in einer bestimmten Stadt in Brasilien, und da sagte ich zu den Männern: „Ich glaube, dass in mindestens 90 Prozent der Fälle (das ist meine persönliche Meinung, ich sage nicht, dass das die biblische Wahrheit ist), in denen christliche Ehen scheitern, unglücklich sind, nicht gut und nicht schön, der Mann schuld ist." Dann sahen mich diese 200 Männer schockiert an; als ob sie denken würden: „Wie kann dieser Prediger das sagen?" Also erklärte ich es ihnen. Die Bibel sagt uns klar und deutlich:

> *Ihr Männer, liebet eure Frauen, gleichwie auch Christus die Gemeinde geliebt und sich selbst für sie hingegeben hat. (Eph 5,25)*

Damit wird jedem Mann in der Bibel befohlen, seine Frau so zu lieben, dass er nicht nur bereit ist, für sie zu sterben, sondern sich auch aufopfernd für sie hinzugeben. Das bedeutet, dass ich jedes Mal, wenn ich eine Sache möchte und meine Frau etwas anderes will, beschließe, das zu tun, was sie will.

Ich mag den Strand nicht, ich hasse ihn sogar. Ich mache immer diesen kleinen Witz: *„Der Strand ist nicht Gottes ursprüngliche Schöpfung; er kam als Teil des Fluches."* – Ich mag das Salzwasser einfach nicht. Ich mag den Sand nicht. Ich mag die Atmosphäre nicht. Ich mag die Hitze nicht. Ich mag die Sonne nicht. Ich mag einfach nichts am Strand. Dennoch habe ich viele Ferien am Strand verbracht, weil meine Frau den Strand liebt. Warum? Nicht, weil sie mich dazu bringt, an den Strand zu gehen. Tatsächlich sagt meine Frau oft zu mir: „Lass uns irgendwo hingehen, wo du wirklich hin willst und was du genießen wirst, so, wie Island."

Obwohl ich den Strand hasse, bin ich sehr glücklich, mit meiner Frau an den Strand zu gehen. Warum? Weil die Bibel klar sagt: „Liebe deine Frau, wie Christus die Gemeinde liebt, der sich selbst für sie hingegeben hat." Wenn es also darum geht, unsere Frauen zu lieben, sind unsere Wünsche nicht wichtig – was wir wollen, ist völlig unwichtig. Alle unsere Anliegen, unsere Träume, unsere Hoffnungen, unsere Wünsche spielen keine Rolle. Sie sind überhaupt nicht relevant. Was zählt, sind ihre Anliegen, ihre Träume, ihre Hoffnungen und ihre Wünsche. Denn Gott *ist* Liebe, alles, was Er tut, wünscht und träumt... ist motiviert von Liebe, der selbstlosen Liebe.

Wenn Er wünscht, dass seine Braut, die Gemeinde, reift, dann nicht um seiner selbst willen, sondern um der Braut willen. In der göttlichen Liebe gibt es kein Gramm Egoismus, sondern nur Selbstlosigkeit. Deshalb ist keiner seiner Wünsche nach seiner Braut durch etwas anderes motiviert als reine, selbstlose Liebe zu ihr.

Meiner Meinung nach ist es in den meisten Ehen nicht wahrhaft durch die Agape-Liebe motiviert, wenn die Ehemänner danach verlangen, träumen, wünschen und hoffen, dass ihre Frauen reif werden, sondern durch das verborgene Motiv, dass dadurch ihre Ehe glücklicher wird. Das ist nicht die Liebe Gottes. Wenn also der Mann seine Frau wirklich liebt, wie Christus die Gemeinde aufopferungsvoll liebt, dann wird er jeden Tag für seine Frau beten, wie es die Bibel sagt: *„Christus tritt für uns ein" (Römer 8,34).* Jesus sitzt zur Rechten Gottes und betet für uns. Wenn ein Mann seine Frau so liebt, dann garantiere ich dir, dass die Ehe Erfolg haben wird.

Wenn die Bibel von Liebe und dem Wandeln in Liebe spricht, wird das Wort Agape verwendet. Diese Liebe ist völlig selbstlos und will nichts für sich selbst. Sie muss nie zurückgegeben werden.

Sie liebt einfach zum Wohle des anderen. Wenn wir unsere Frauen mit dieser Liebe lieben, nur zu ihrem Wohl und nicht zu unserem eigenen; und wenn die Bibel wahr ist, was ich glaube, dann ist auch Philipper 1,21 wahr, wo steht:

> *Denn für mich ist Christus das Leben, und das Sterben ist mein Gewinn.*

Wenn nun also unsere Frauen vor uns sterben, haben sie nicht verloren; sie haben den großen Preis gewonnen. Jesus Christus selbst, für den sie geschaffen wurden.

Wenn wir an unsere Frauen denken und wie glücklich sie in der Gegenwart Jesu und der Herrlichkeit des Himmels sind, und wir dann immer noch weinen, dann ist unser Weinen unseretwegen, nicht ihretwegen. Aber wenn wir unsere Frauen mit einer göttlichen Liebe lieben und sie vor uns sterben, dann werden wir uns für sie freuen. Und jedes Mal, wenn wir traurig sind, weil wir einsam sind, werden wir uns einfach daran erinnern, dass es im Leben nicht um uns geht, sondern um Jesus, der sie jetzt in seine wunderbare Gegenwart berufen hat. Sie haben einen großen Preis gewonnen. Ich verstehe, dass dies für viele Menschen schockierend ist, aber das ist mein persönlicher Glaube und meine Überzeugung.

Wir müssen uns daran erinnern, dass die Bibel, wenn sie von Liebe spricht, nicht die menschliche Liebe meint, die wir gut kennen und die sagt: „Ich liebe dich, und du liebst mich, und wir sind beide glücklich." Es gibt verschiedene Worte für Liebe im griechischen Original, die ich später erklären werde. Ich möchte, dass du verstehst, dass wir immer über die göttliche Liebe sprechen, wenn wir in diesem Buch über die Liebe zu Gott, zu Menschen, zu uns selbst – und sogar zu unseren Feinden – sprechen. Eine Liebe, die keine Liebe im Gegenzug braucht, eine Liebe, die völlig selbstlos ist und sich nur auf die anderen konzentriert.

Viele Christen wollen die Gaben des Geistes und sie streben nach diesen Gaben, was eine gute Sache ist. Die Bibel ermutigt uns, die

Gaben des Geistes zu suchen; die Bibel sagt sogar, dass wir ernsthaft geistliche Gaben begehren sollten. In meinem anderen Buch, *„Der richtige Umgang mit Prophetie"*, erkläre ich, was es bedeutet, geistliche Gaben zu begehren.

Aber das ist nicht das Wichtigste. Viele Christen glauben, dass das Begehren von geistlichen Gaben das Beste ist. Sie wollen bekannt werden wegen der Gaben, der mächtigen Prophetien, der Wunder, Zeichen, Wundertaten und der großen Dinge, die sie getan haben. Sie wollen dafür bekannt sein, wie mächtig sie von Gott benutzt wurden, wie gesalbt ihre Predigt war und wie viele Menschen durch ihren Dienst gerettet, geheilt und berührt wurden. Diese Dinge sind wunderbar, aber sie sind nicht das Beste.

Der Apostel Paulus sagt in 1. Korinther 12,31:

> *Doch zeige ich euch jetzt einen noch weit vortrefflicheren Weg.*

Was ist der vortrefflichere Weg? Er fährt fort zu sagen:

> *Wenn ich mit Menschen und Engelzungen rede, aber keine Liebe habe, so bin ich ein tönendes Erz oder eine klingende Schelle. (1 Kor 13,1)*

Der alles überragende Weg ist der Weg der Liebe, ein Lebensstil der Liebe. Das ist so viel besser als jedes Geschenk, das du je haben kannst.

Ohne Liebe sind wir nichts

Was meint der Apostel Paulus, wenn er in 1. Korinther 13,1 schreibt:

> *Wenn ich mit Menschen und Engelzungen rede, aber keine Liebe habe, so bin ich ein tönendes Erz oder eine klingende Schelle.?*

Lass mich dir die Bedeutung dieses Satzteils erklären, *„ein tönendes Erz oder eine klingende Schelle.“* Dieser Satz mag für uns schwer zu verstehen sein, aber der Apostel Paulus hat diese Worte an die Gemeinde in Korinth geschrieben. Und die Korinther verstanden diese Ausdrücke sehr gut. In Korinth waren diese Worte sehr verbreitet.

Das hier verwendete Wort Messing *(im deutschen als „Erz“ übersetzt)* stammt vom griechischen Wort *Chalikose*. Dies ist ein altes Wort, das sich auf ein Stück Metall bezieht, das entweder aus Bronze oder Kupfer hergestellt und dem eine kleine Menge Zinn hinzugefügt wurde. Wenn sie auf dieses Metall schlugen, machte das Zinn im Metall einen sehr hohlen Klang. Aber Paulus sagt nicht nur: „Wenn du keine Liebe hast, bist du wie ein Stück Messing.“, sondern er sagte: „Du bist wie ein klingendes Stück Messing.“ Klingen bedeutet: „Ein konstanter, störender Nachhhall.“ In diesem Satz geht es also um ein Stück Metall, das einen ständig störenden, widerhallenden Klang erzeugt, der immer weitergeht und nie aufhört. Als Paulus sagte: „Wenn du keine Liebe hast, bist du wie ein klingendes Stück Messing “, verstanden ihn die Korinther vollkommen. Ihre Stadt war eine sehr heidnische Stadt, voller Götzendienst, der ein Teil ihres Alltags war.

Wegen des Götzendienstes in dieser Stadt benutzte Paulus diese Worte. In Korinth gab es viele religiöse Menschen, aber sie waren von Götzendienst durchdrungen und gingen den ganzen Tag durch die Stadt und schlugen diese Metallstücke, was ein Ausdruck der Verehrung ihrer Götter war. Dieses konstante Geräusch war sehr störend. Paulus sagt: Wenn du alle Gaben hast, aber keine selbstlose, göttliche Liebe, bist du eine störende, unangenehme Person. Als er dies schrieb, wussten die Korinther sehr deutlich, was er meinte, denn in der Stadt Korinth konnte man diesem Lärm nie entkommen: Die religiösen Menschen gingen den ganzen Tag umher und schlugen auf ihr Metall. Paulus sagt uns, dass wir in allen Gaben des Geistes eingesetzt werden können; wir können eine starke Salbung in unserem Leben haben und erstaunliche Wunder sehen, aber ohne die göttliche Liebe sind wir nichts anderes als ein störender Klang.

Paulus fährt fort, eine zweite Beschreibung zu verwenden: „ein klirrendes Becken“ textit(im deutschen als Schelle übersetzt). Die griechischen Wörter textitalalazo kumbalon bedeuten, dass zwei Becken sehr laut zusammengeschlagen werden. Dies beschreibt einen konstanten, lauten, hohen Krach. Um diesen Vers zu erklären, sagt Paulus: „Egal, wie geistlich du aussiehst und wie beeindruckend deine Gaben sind, ohne Liebe bist du nichts als ein störender Krach.“ In Vers zwei fährt Paulus fort:

> *Und wenn ich weissagen kann und alle Geheimnisse weiß und alle Erkenntnis habe, und wenn ich allen Glauben besitze, so dass ich Berge versetze, habe aber keine Liebe, so bin ich nichts.*

In Vers 3 steht:

> *Und wenn ich alle meine Habe austeile und meinen Leib hergebe, damit ich verbrannt werde, habe aber keine Liebe, so nützt es mir nichts!*

Gott beurteilt unser Leben danach, wie wir lieben. Alles, womit wir die Menschen durch unsere Gaben, unsere Salbung, Berufung und all die großen Dinge, die wir tun, beeindrucken können, ist nichts, wenn wir am Tag des Gerichts vor der Gegenwart Jesu stehen und wir nicht in Liebe gelebt haben. Alle unsere Werke werden nichts sein, wenn wir nicht gelernt haben zu lieben. Paulus sagte:

> *Diese Dinge nützen mir nichts. (siehe 1. Kor. 13,3)*

Diese Bibelstelle hat mich lange Zeit verwirrt. Ich habe mich immer gefragt, wie man all seine Güter den Armen geben kann und es einem nichts nützt? Stell dir vor, du hast ein Haus, verkaufst es und gibst das Geld den Armen. Du verkaufst dein Auto und gibst das Geld den Armen. Du nimmst all deine Ersparnisse und gibst sie den Armen. Jedes einzelne Ding, das du besitzt, gibst du den Armen. Wenn du das tun würdest, würden alle sagen: „Hast du gehört, was diese Person gerade getan hat? Er gab alles, was er hatte, an die Armen weiter. Er liebt die Armen wirklich.“ Aber die Bibel sagt, dass wir alles, was wir haben, weggeben können und trotzdem keine Liebe haben. Wie kann das sein?

In der Bibel steht, dass wir nichts vor der Zeit richten sollten, denn wenn Jesus kommt, wird er alles richten, was wir getan haben, und die Motive unserer Herzen offenbaren (1 Kor 4,5). Alle unsere Handlungen werden von einem Motiv bestimmt. Gott interessiert sich nicht so sehr für das, *was* wir tun, sondern dafür, *warum* wir es tun. Das heißt es, wenn Paulus sagt, dass wir alles, was wir haben, weggeben können und es trotzdem ohne Liebe tun können. Denke daran, das Wort für Liebe ist das griechische Wort *agape*, was eine vollständige, selbstlose Liebe meint, die nichts zurückbekommt.

Wir könnten den Armen alles, was wir haben, mit dem Motiv geben, dass die Menschen bemerken, was wir getan haben, und dann darüber sprechen, wie sehr wir die Armen lieben und uns um sie kümmern. Das ist kein Geben in Liebe. Deshalb sagte Jesus:

> *Wenn du aber Almosen gibst, so soll deine linke Hand nicht wissen, was deine rechte tut? (Mt 6,3)*

Jesus fährt fort zu sagen,

> *damit dein Almosen im Verborgenen sei. Und dein Vater, der ins Verborgene sieht, wird es dir vergelten öffentlich. (Mt 6,4)*

Wir können also auch mit einem anderen Motiv als Liebe geben; wir können geben, damit jeder sieht, wie großzügig wir sind.

In meinem Geist bin ich immer beunruhigt, wenn Menschen Geld geben und dann öffentlich anerkannt werden wollen. Wenn wir ohne Liebe geben, dann wollen wir Anerkennung. Aber wenn wir in Liebe geben, wollen wir keine Anerkennung hier auf Erden. Wir können leicht geben und doch keine Liebe haben, in diesem Fall wird es uns nichts nützen. Alles, was wir ohne Liebe tun, bringt uns nichts.

Nach diesen Ausführungen kommt Paulus wieder auf die geistlichen Gaben zu sprechen. Wie bereits erwähnt, wurde die Bibel nicht in Kapiteln und Versen geschrieben. Wenn wir das verstehen und nur lesen, was Paulus hier geschrieben hat, werden wir sehen, dass er in den Kapiteln 12 und 14 über die Gaben gesprochen hat, aber dass er sich selbst zu unterbrechen scheint und in Kapitel 13 über ein ganz anderes Thema spricht. Das erinnert mich an das, was meine Frau mir oft sagt, wenn wir über ein Thema sprechen und ich springe innerhalb von Sekunden zu einem ganz anderen Thema: „Bitte konzentriere dich und komm zurück zum Planeten Erde." Aber der Apostel Paulus hatte dieses Problem nicht, denn was er schrieb, war vom Heiligen Geist inspiriert. Warum also schreibt er mitten in seiner Lehre über die geistlichen Gaben dieses kraftvolle Kapitel über die Liebe? Er beendet seine Lehre über die Gaben in Kapitel 12 mit dieser Aussage:

> *Doch zeige ich euch jetzt einen noch weit vortrefflicheren Weg.*

Dann spricht er über die Liebe und die Bedeutung eines Lebensstils der Liebe. In Kapitel 14 redet er weiter über geistliche Gaben. Aber er beginnt diese neue Lehre über Geistesgaben in 1. Korinther 14,1 mit dieser Aussage:

> *Strebet nach der Liebe; doch eifert auch nach den Geistesgaben.*

Bevor er uns sagt, dass wir geistliche Gaben begehren sollen, sagt er uns, dass wir nach der Liebe streben müssen. Begehre keine geistlichen Gaben, ohne zuerst der Liebe nachzujagen. Das griechische Wort für „streben" (*dioko*) ist ein sehr kraftvolles Wort. Es bedeutet, „mit all deiner Kraft und Energie hinter etwas her sein." Paulus sagt: „Nutze all deine Kraft und Energie, um in einem Lebensstil der Liebe zu leben." Paulus sagte nicht nur: „Ich will, dass du deine christlichen Brüder liebst." Er sagte nicht einmal: „Ich will, dass du deine Feinde liebst." Er sagte: „Ich möchte, dass du all deine Kraft, all deine Mühe und all deine Energie einsetzt, um sicherzustellen, dass du einen kompletten Lebensstil der Liebe führst."

Wir müssen uns diese Frage stellen, und ich stelle mir diese Frage fast täglich: „Trachte ich heute nach einem Lebensstil in vollkommener Liebe? Ist es für mich heute das Wichtigste, in Liebe zu leben?" Wenn ich mir mein eigenes Leben ansehe, muss ich sagen, dass es mir nicht immer gelungen ist. Aber ich habe einen tiefen Wunsch in meinem Herzen, der Liebe mit all meiner Kraft nachzujagen. Ich habe folgende Frage an uns: „Mit welchem Nachdruck wollen wir heute in vollkommener Liebe leben?" Es muss uns klar sein, dass wir im Natürlichen nicht verstehen, was die Bibel mit Liebe meint, weil unser Bewusstsein dafür unempfindlich geworden ist. Wir sind nicht dazu berufen, so zu lieben, wie Menschen das auf natürliche Art und Weise können. Wir sind berufen, mit Gottes Liebe zu lieben. Wir sollten uns jeden Tag diese Frage stellen: Wie sehnsüchtig verfolge ich einen Lebensstil der vollkommenen Liebe?

Die Gefahr, nicht in Liebe zu leben

In 1. Korinther 11 spricht der Apostel Paulus über das Abendmahl. Er macht eine sehr kräftige Aussage, indem er sagt, dass viele Christen schwach geworden, krank und gestorben sind, weil sie nicht in vollkommener Liebe gelebt haben. In Vers 17 und 18 schreibt Paulus:

> *Das aber kann ich, da ich am Verordnen bin, nicht loben, dass eure Zusammenkünfte nicht besser, sondern eher schlechter werden. 18Denn erstens höre ich, dass, wenn ihr in der Gemeinde zusammenkommt, Spaltungen unter euch sind, und zum Teil glaube ich es.*

Das Problem war, dass sie in dieser Gemeinde nicht in vollkommener Liebe lebten. Paulus fährt fort:

> *Denn es müssen ja auch Parteiungen unter euch sein, damit die Bewährten offenbar werden unter euch! (1 Kor 11,19)*

Paulus erklärt hier, dass sie bei ihren gemeindlichen Treffen nicht in Liebe miteinander umgegangen sind. Sie haben den Leib des Herrn nicht erkannt. Paulus fragte sie, ob sie keine Häuser hätten, in denen sie essen könnten. Er sagte, sie verachten die Gemeinde Gottes und diejenigen, die nichts haben. Inwiefern haben sie die Gemeinde verachtet? Sie taten es auf diese Weise: Einige hatten viel – viel zu essen und zu trinken –, während andere hungrig und arm waren. Sie verachteten die Gemeinde also, indem sie sich nicht umeinander kümmerten.

Ich mag es, wenn wir das Abendmahl feiern und mit unseren Worten zum Ausdruck bringen, dass wir uns in einem gemeinsamen Bund befinden. Aber wir müssen verstehen, dass das Zusammensein in einem Bund auch bedeutet, einander auf selbstlose Weise zu lieben. Paulus sagte, dass die Korinther die Gemeinde verachteten. Er sagt weiter:

> *Wer also unwürdig das Brot isst oder den Kelch des Herrn trinkt, der ist schuldig am Leib und am Blut des Herrn. 28 Es prüfe aber ein Mensch sich selbst, und also esse er von dem Brot und trinke aus dem Kelch; 29 denn wer unwürdig isst und trinkt, der isst und trinkt sich selbst ein Gericht, weil er den Leib des Herrn nicht unterscheidet. 30 Deshalb sind unter euch viele Schwache und Kranke, und eine beträchtliche Zahl sind entschlafen. (1. Kor. 11,27-30)*

Paulus stellt deutlich dar, dass wir das Gericht über uns selbst essen und trinken, wenn wir den Leib des Herrn nicht anerkennen.

Wer ist der Leib des Herrn? Jesus ist das Haupt der Gemeinde, die Sein Leib ist. Es ist nicht nur unsere Ortsgemeinde, die der Leib Christi ist; jeder einzelne, wiedergeborene Christ ist Teil des Leibes Christi. Durch Jesus sind wir in einem Bund mit allen Christen und Gott hat uns befohlen, in vollkommener Liebe mit jedem Bruder und jeder Schwester zu leben, nicht nur mit denen, die wir mögen und die unsere Freunde sind. Wenn wir nicht so leben, kann das sogar unsere Gesundheit beeinträchtigen oder zu einem vorzeitigen Tod führen.

Ich erinnere mich an einen Tag, an dem ich für eine Frau in Europa gebetet habe. Diese Frau war sehr krank. Sie litt unter drei Dingen: Sie hatte Magengeschwüre, eine verletzte Schulter, die unbeweglich war, und viele Schmerzen im Rücken. Allein beim Ansehen merkte ich, dass sie starke Schmerzen hat. Sie fragte mich, ob ich für ihre Heilung beten könne. In dem Moment, als ich meine Hände auf sie legte, sagte mir der Heilige Geist, dass der Grund für ihre Krankheit darin bestand, dass sie in ihrem Herzen Unvergebenheit gegenüber ihrem Bruder hatte. Als ich dort stand, dachte ich: „Ich kann dieser armen, leidenden Frau nicht sagen, dass der Grund für ihre Krankheit in ihrer Unvergebenheit liegt." Aber der Heilige Geist hat mir gnädigerweise geholfen. Er sagte mir, ich solle ihr die Ursache ihrer Krankheit mitteilen und dann sagte er mir, dass er ihre Schulter sofort heilen würde. Wenn sie ihrem Bruder jedoch nicht von ganzem Herzen verzeihen würde, würde ihre Krankheit zurückkehren und die beiden anderen Probleme würden nicht geheilt werden. Ich erzählte ihr, was der Heilige Geist mir sagte, und betete für ihre Schulter, die sofort geheilt wurde. Dann brach diese Frau unter Tränen zusammen, zog ihr Handy heraus und rief ihren Bruder an. Sie war wütend auf ihn gewesen und hatte 16 Jahre lang nicht mit ihm gesprochen. Sie bat ihn, ihr zu vergeben, und sie verzieh ihm. Danach wurde sie sofort geheilt. Ich möchte hier klarstellen, dass ich nicht glaube, dass jede Krankheit auf die Sünde im Leben eines Menschen zurückzuführen ist. Ich glaube auch, dass der Teufel uns

Krankheit auferlegt. Aber die Sünde in unserem Leben öffnet dem Teufel die Tür und macht es ihm leicht, Leid und Krankheit in unser Leben zu bringen.

Es ist sehr interessant, dass die Briefe des Neuen Testaments sehr wenig über göttliche Heilung lehren. Die beiden wichtigsten Hinweise auf göttliche Heilung und Krankheit sind 1. Korinther 11 und Jakobus 5. In beiden Schriftstellen stellt die Bibel eine Verbindung zwischen Krankheit und Sünde her. In Jakobus 5,16 steht:

> *Bekennt einander die Übertretungen und betet füreinander, damit ihr geheilt werdet!*

Unser Glaube wird nicht wirken, wenn wir nicht in Liebe leben. Ich werde später darauf näher eingehen. Wir sollten nicht versuchen, nach Sünde in unserem Leben zu forschen, wenn wir krank sind. Aber wenn wir Gott für Heilung glauben und nicht sehen, dass sie sich in unserem Körper manifestiert, dann *sollten* wir den Heiligen Geist fragen, ob es einen Bereich in unserem Leben gibt, in dem wir nicht in vollkommener Liebe und Vergebung gegenüber allen Menschen leben.

Kapitel 2

Das grosse Gebot

Die Liebe ist das größte aller Gebote. In Matthäus 22,35-36 kam ein Mann zu Jesus und fragte ihn, was das größte Gebot sei. Jesus antwortete:

> *Jesus sprach zu ihm: »Du sollst den Herrn, deinen Gott, lieben mit deinem ganzen Herzen und mit deiner ganzen Seele und mit deinem ganzen Gemüt.« 38Das ist das erste und größte Gebot. 39 Ein anderes aber ist ihm gleich: »Du sollst deinen Nächsten lieben wie dich selbst.« (Mt 22,37-39).*

In Matthäus 22,40 sagt Jesus,

> *An diesen zwei Geboten hängt das ganze Gesetz und die Propheten.*

Wenn wir in vollkommener Liebe leben, haben wir das ganze Gesetz erfüllt. Paulus wiederholt dies in Römer 13,8: Seid niemand etwas schuldig, als dass ihr einander liebet; denn wer den andern liebt, hat das Gesetz erfüllt.

Wenn wir das ganze Gesetz Gottes erfüllen wollen, dann müssen wir nur in der Liebe leben. Der Apostel Paulus sagt weiter:

> *Denn die Forderung »Du sollst nicht ehebrechen, du sollst nicht töten, du sollst nicht stehlen, lass dich nicht gelüsten« (und welches andere Gebot noch sei), wird zusammengefasst in diesem Wort: »Du sollst deinen*

Nächsten lieben wie dich selbst!« 10 Die Liebe tut dem Nächsten nichts Böses; so ist nun die Liebe des Gesetzes Erfüllung. (Römer 13,9- 10)

Die Leute diskutieren darüber, ob wir nach den Zehn Geboten leben sollen oder nicht. Wenn ich Menschen in einem Treffen frage, ob wir noch die Zehn Gebote befolgen müssen, antworten sie häufig immer noch mit einem „Ja". Dann sage ich ihnen, dass ich nicht nach den Zehn Geboten lebe, was sie normalerweise schockiert. Manchmal frage ich sie, was das vierte Gebot ist und für gewöhnlich wissen sie es nicht. Ich frage sie dann: Wie kannst du einem Gebot gehorchen, welches du nicht einmal kennst?

Vor kurzem habe ich in einer kleinen Gemeinde in den Vereinigten Staaten gepredigt. Als ich diese Frage stellte, bestand vor allem ein Mann darauf, dass wir nach den Zehn Geboten leben müssen. Auch er konnte mir nicht sagen, was das vierte Gebot war. Ich sagte ihm, dass ich nicht nach den Zehn Geboten lebe. Darauf fragte er meine Frau, ob ich denn nicht nach dem Gebot lebe: „Du sollst nicht ehebrechen." Meine Frau antwortete: „Nein, tut er nicht, er liebt mich einfach." Ich lebe also nicht nach den Zehn Geboten. Ich versuche, nach nur einem Gebot zu leben, dem Gebot der Liebe, denn das erfüllt das ganze Gesetz. Wenn ich selbstlos liebe, braucht mir niemand zu sagen, dass ich nicht ehebrechen darf.

Die Bibel sagt, dass wir unserem Nächsten keinen Schaden zufügen werden, wenn wir nach dem Gesetz der Liebe leben. In dem Moment, in dem wir irgendjemandem etwas antun, haben wir nicht in Liebe gehandelt. Stelle dir bei allem, was du jemals tust, diese Frage: „Wird das jemandem schaden?" Wenn ja, dann lebst du nicht in Liebe. Paulus sagt dasselbe in Galater 5,14:

Denn das ganze Gesetz wird in einem Worte erfüllt, in dem: «Du sollst deinen Nächsten lieben wie dich selbst.»

Viele Menschen sprechen davon, wie sehr sie Gott lieben. Aber sie leben nicht in Liebe zu den Menschen. Jesus hat gesagt, dass das zweite Gebot genauso wichtig ist wie das erste; die Liebe zum Nächsten ist also genauso wichtig wie die Liebe zu Gott. In Johannes 13,34 sagte Jesus:

Ein neues Gebot gebe ich euch, dass ihr einander liebet; dass, wie ich euch geliebt habe, auch ihr einander liebet.

Jesus sagte, dass er seinen Jüngern ein neues Gebot gibt. Was war das für ein neues Gebot? Es ging nicht nur darum, einander zu lieben, sondern auch darum, einander so zu lieben, wie Jesus sie liebte.

Christen oder Jünger?

Wie hat Jesus uns geliebt? Hat Jesus nur gesagt, dass er uns liebt – oder hat er durch seine Taten gezeigt, dass er uns liebt? Jesus hat uns seine Liebe bewiesen, indem er einen sehr brutalen und schmerzhaften Tod am Kreuz starb. Das hat uns vor dem ewigen Tod bewahrt. Und Jesus befahl uns, einander zu lieben, so wie er uns geliebt hat. In Johannes 13,35 sagt Jesus:

Daran wird jedermann erkennen, dass ihr meine Jünger seid, wenn ihr Liebe untereinander habt.

Es ist sehr gut, wenn wir evangelisieren, Jesus zu unseren Freunden bringen und versuchen, die Verlorenen zu erreichen. Die Menschen müssen das Evangelium hören; darüber besteht kein Zweifel. Aber woher sollen die Menschen wissen, dass wir wirklich Nachfolger Christi sind? Sie werden es nicht an unseren Worten erkennen, sondern daran, wie wir einander lieben. Wenn wir also wirklich in göttlicher Liebe miteinander umgehen, wird die ganze Welt wissen, dass wir Nachfolger Jesu Christi sind.

Jesus sagte nicht: „Daran werden alle erkennen, dass ihr Christen seid." Er sagte: „Daran werden alle erkennen, dass ihr meine Jünger seid." Es gibt einen Unterschied zwischen Christen und Jüngern. Jünger sitzen zu den Füßen ihres Herrn, lernen von Ihm und tun, was Er ihnen sagt. Dieser Begriff war in der neutestamentlichen Zeit sehr verbreitet. Es handelte sich nicht um eine Beziehung des gegenseitigen Lernens. Der Meister lehrte, und der Jünger lernte und gehorchte. Der wahre Jünger diskutiert und argumentiert nicht mit seinem Meister. Er hört zu, lernt und gehorcht. Wenn wir wahre Jünger Jesu sind, dann müssen wir von Ihm lernen, wie wir in vollkommener Liebe leben können. Wenn wir so leben, werden alle wissen, dass wir wirklich seine Jünger sind. Wenn wir einander nicht so lieben, wie Jesus uns geliebt hat, der selbstlos bereit war, für uns zu sterben, mögen wir Christen sein, aber wir sind keine Nachfolger Jesu. Der Apostel Paulus warnt die Gemeinde in Korinth nachdrücklich. In 1. Korinther 6,1-9 schreibt Paulus:

> *Wie darf jemand von euch, der eine Beschwerde gegen einen andern hat, sich bei den Ungerechten richten lassen, anstatt bei den Heiligen? 2Wisset ihr nicht, dass die Heiligen die Welt richten werden? Wenn nun durch euch die Welt gerichtet werden soll, seid ihr dann unwürdig, über die allergeringsten Dinge zu entscheiden? 3Wisset ihr nicht, dass wir Engel richten werden? Warum denn nicht auch Dinge dieses Lebens? 4Wenn ihr nun über Dinge dieses Lebens Entscheidungen zu treffen habt, so setzet ihr solche zu Richtern, die bei der Gemeinde nichts gelten! 5Zur Beschämung sage ich's euch: Demnach ist also nicht ein einziger Sachverständiger unter euch, der ein unparteiisches Urteil fällen könnte für seinen Bruder; 6sondern ein Bruder rechtet mit dem andern, und das vor Ungläubigen! 7Es ist überhaupt schon schlimm genug für euch, dass ihr Prozesse miteinander führet. Warum lasset ihr euch nicht*

> *lieber Unrecht tun? Warum lasset ihr euch nicht lieber übervorteilen? 8Sondern ihr übet Unrecht und Übervorteilung, und zwar an Brüdern! 9Wisset ihr denn nicht, dass Ungerechte das Reich Gottes nicht ererben werden? Irret euch nicht: Weder Unzüchtige noch Götzendiener, weder Ehebrecher noch Weichlinge, noch Knabenschänder,...*

Was sagt der Apostel Paulus hier? Er sagt, dass die Korinther – als Christen – einen Streit hatten. Uns wird nicht gesagt, worin die Meinungsverschiedenheit oder das Problem bestand. Aber was auch immer das Problem ist, sie haben sich gegenseitig vor Gericht gebracht. Paulus weist darauf hin, dass die Gemeinde diese Angelegenheit hätte beurteilen und regeln sollen. Aber die wirklich radikale Aussage, die Paulus macht, ist in Vers 7, wo er schreibt:

> *Es ist überhaupt schon schlimm genug für euch, dass ihr Prozesse miteinander führet.*

Paulus sagt, dass es total falsch ist, den Bruder zu verklagen, und dann fragt er:

> *Warum lasset ihr euch nicht lieber Unrecht tun?*

Es ist besser, betrogen zu werden, als eine andere Person vor Gericht zu bringen, so Paulus. Warum sagt er, dass es besser ist, betrogen zu werden, als auf unsere Rechte zu bestehen? Haben wir nicht das Recht, unsere Rechte einzufordern?

In 1. Korinther 13 sagt er:

> *Ohne Liebe bist du nichts.*

Egal, was wir in den Augen der Welt oder der Gemeinde erreicht haben; wenn wir nicht in vollkommener Liebe leben, dann sind wir nichts. Wir mögen in den Augen der Welt oder der Gemeinde sehr berühmt sein, aber wenn wir nicht in vollkommener Liebe leben, zählt das nichts vor Gott.

Warum sollten wir, laut Paulus, lieber betrogen werden als vor Gericht zu gehen? Weil 1. Korinther 13 Liebe beschreibt. Da steht:

Die Liebe erträgt alles und duldet alles.

Paulus sagt damit, wahre Liebe erträgt alles – sogar betrogen zu werden. Wenn wir in dieser reinen Liebe leben, dann leben wir in der höchsten Berufung Gottes. Wir werden immer ernten, was wir säen. In Jakobus 2,13 steht:

Denn das Gericht ist unbarmherzig gegen den, der keine Barmherzigkeit geübt hat; die Barmherzigkeit aber rühmt sich wider das Gericht.

Ich bin mir voll bewusst, dass ich die Barmherzigkeit Gottes brauche. Ohne Gottes Gnade habe ich keine Hoffnung und keine Zukunft. Gottes Barmherzigkeit triumphierte über sein Gericht, das ich verdient hatte. Jakobus sagt den Gläubigen, dass das Gericht für diejenigen, die keine Gnade haben, gnadenlos ist. Da ich die Barmherzigkeit Gottes dringend brauche, werde ich den Menschen Barmherzigkeit zeigen. Ich habe beschlossen, dass ich jedem, der mich schlecht behandelt, verzeihen werde, sobald er mich schlecht behandelt. Egal, was die Menschen mit mir machen oder zu welchem Zeitpunkt, ich vergebe ihnen sofort. Ich habe einen Blankoscheck der Vergebung unterschrieben. Die Liebe wird nie scheitern.

Liebe scheitert nie

Als ich 1982 die Bibelschule besuchte, war einer meiner Professoren ein persönlicher Freund von Smith Wigglesworth. Smith Wigglesworth war einer der mächtigsten Evangelisten seiner Zeit. Er hat sogar Menschen von den Toten auferweckt. Er wurde zum Apostel des Glaubens berufen. Er war so gesalbt, dass, als er eines Tages die

Straßen von San Francisco hinunterging und die Leute hörten, dass er kam, setzten sie die Kranken auf die Bürgersteige, und sobald er an ihnen vorbeiging, wurden alle geheilt. Manchmal betrat er einen Raum, in dem Nichtchristen waren, und ohne, dass er ein Wort sagte, wurden die Sünder nur durch seine Anwesenheit von ihren Sünden überführt und gerettet.

Aber wie wurde Smith Wigglesworth gerettet? Er war ein Klempner und ein sehr schroffer Mann mit schlechtem Charakter. Seine Frau war Christin und er verbot ihr, in die Kirche zu gehen. Eines Nachts, als sie von einer Versammlung nach Hause kam, hatte er sie aus dem Haus gesperrt. Es war eine kalte Winternacht. Er weigerte sich, sie wieder ins Haus zu lassen. So setzte sie sich einfach auf den kalten Boden vor der Tür. Am Morgen, als er die Haustür öffnete, ging seine Frau mit einem Lächeln ins Haus und begrüßte ihn liebevoll. Sie ging in die Küche und bereitete sein Lieblingsfrühstück zu. Er war von dieser Liebe so berührt, dass er sein Leben ihrem Retter Jesus hingegeben hat. Die Liebe scheitert *nie*.

Wenn wir nur die Wahrheit von 1. Korinther 13 verstehen würden, dass die Liebe nie versagt, – würden wir alles tun, was wir können, um diese Art von Liebe zu verfolgen. Wenn wir lernen, in dieser Art von Liebe zu leben, werden wir herausfinden, dass die Liebe immer siegt und nie scheitern kann.

Lass mich dir eine Geschichte erzählen, die mir passiert ist, als ich dieses Buch geschrieben habe. Meine Frau und ich leben in einer Wohnung in Goiania in Brasilien. Mit der Miete der Wohnung erhält man zwei Parkplätze. Als wir einzogen, hat jemand einen unserer Parkplätze benutzt. Mir wurde gesagt, dass ich diesen Parkplatz für den Betrag von etwa 40 Dollar vermieten solle und dass dies ein sehr fairer und angemessener Preis sei. Ich sprach mit den Leuten, die meinen Parkplatz nutzten, und bot ihnen diesen für die 40 Dollar zur Miete an, womit sie einverstanden waren. Im ersten Monat gaben sie mir den vereinbarten Betrag. Im zweiten Monat zahlten sie nur 32 Dollar, im dritten 28 Dollar und im folgenden Monat nur

24 Dollar. Ich habe sie gefragt, warum sie mir jeden Monat weniger geben. Daraufhin wurde die Dame sehr wütend und fing an, mich anzuschreien. Sie sagte mir, dass es nicht fair sei, dass ich so viel Geld will. Sie bedrohte mich und schrie mich immer wieder an. Ich stand da und war ratlos. Aber sofort, nachdem sie meine Wohnung verlassen hatte, ging ich in mein Zimmer und betete für sie. Während ich für sie betete, dachte ich darüber nach: „Was sollte ich jetzt tun? Was hat Jesus gelehrt? Er sagte, wir sollen unsere Feinde lieben und denen Gutes tun, die uns hassen und uns boshaft behandeln."

Ich beschloss, den Worten Jesu zu gehorchen und in vollkommener Liebe zu handeln. Ich schrieb ihnen einen Brief und teilte ihnen mit, wie sehr ich sie liebe und wollte ihnen meine Liebe zeigen. Ich schrieb ihnen, dass ich die 24 Dollar vom letzten Monat wieder in den Umschlag gelegt habe, weil ich möchte, dass sie gesegnet werden. Außerdem schrieb ich ihnen in dem Brief auch, dass sie den Parkplatz von nun an kostenlos nutzen können. Ich traf die Entscheidung, nicht im Fleisch zu leben, sondern in vollkommener Liebe zu reagieren. Ich ließ den Brief übersetzen und druckte ihn aus. Gerade als ich den Brief mit den 24 Dollar fertig hatte und auf dem Weg zur Tür war, um ihnen den Brief zu bringen, da klingelte es an meiner Tür. Als ich öffnete, stand der Ehemann dieser Dame da. Ich bat ihn, hereinzukommen. Bevor ich etwas sagen konnte, bat mich dieser Mann, der kein Christ ist, um einen Gefallen. Er bat mich, seiner Frau zu vergeben. Ich sagte ihm, dass ich ihr bereits total vergeben habe. Nachdem wir ein wenig geredet hatten, meinte er, dass er mir jeden Monat die 40 Dollar zahlen wolle, was er seitdem auch treu getan hat. Die Liebe versagt wirklich nie. Weil ich die Entscheidung getroffen habe, in vollkommener Liebe zu leben, hat der Geist Gottes sein Herz berührt. Als dieser Mann meine Wohnung verließ, umarmte er mich und sagte mir, wie froh er ist, den Parkplatz für 40 Dollar zu haben. Später bot er mir sogar an, die Harley-Davidson seiner Frau zu fahren, welche eines der beiden Motorräder ist, die auf meinen Parkplatz stehen.

Kapitel 3

Nicht nur Gott lieben

Als Jesus sagte: *„Wir müssen unseren Nächsten lieben wie uns selbst.“*, fragte ihn jemand: *„Wer ist mein Nächster?“*

Jesus beantwortete diese Frage durch ein Gleichnis. In Lukas 10,25-37 lesen wir die Geschichte des barmherzigen Samariters. In diesem Gleichnis macht Jesus sehr deutlich, dass unser Nächster nicht nur derjenige ist, den wir mögen – denn der Mann, der von den Räubern geschlagen wurde, war ein Jude. Die ersten beiden Männer, die vorbeikamen und den verletzten Mann ignorierten, waren religiöse Männer. Der dritte Mann, der vorbeikam, war ein Samariter. Die Juden und die Samariter waren Feinde des anderen. Jesus erzählte diese Geschichte einem Juden, der die Frage stellte: „Wer ist mein Nächster?“ In seiner Antwort sagte Jesus nicht nur: „Und ein dritter Mann kam vorbei “, sondern er sagte ausdrücklich: „Und ein Samariter kam vorbei“. Er betonte das, weil er wusste, dass die Juden und die Samariter Feinde sind und nichts miteinander zu tun haben wollten.

In dieser Geschichte wäre es logisch gewesen, dass der Samariter an dem verletzten Mann vorbeigegangen wäre und die religiösen Männer ihm geholfen hätten, da der Verletzte einer ihrer eigenen Landsleute war. Aber Jesus sagte, dass sein Feind ihm geholfen habe. Das war die Antwort Jesu auf die Frage: „Wer ist mein Nächster?“ Wir sind nicht dazu berufen, nur die Menschen zu lieben, die wir mögen, oder die Menschen, die in die gleiche Gemeinde gehen, oder die, die gut zu uns sind – wir sollen alle Menschen lieben, auch die, die wir nicht mögen. Wir sind zur Liebe berufen, so wie der Samariter den Juden liebte, der von den Räubern verprügelt wurde. Er liebte den Mann, der sein Feind war, aufopferungsvoll. Wir müssen sicherstellen, dass wir unseren Weg der Liebe ohne Ansehen der Person gehen, nämlich alle Menschen selbstlos lieben. Wir sollen das Ansehen der Person nicht zum Kriterium machen, so, wie es die Bibel in Jakobus 2,1 befiehlt:

> *Meine Brüder, verbindet den Glauben an unsren Herrn der Herrlichkeit, Jesus Christus, nicht mit Ansehen der Person!*

Jakobus 2,8-9 führt fort:

> *Lebt nach dem wichtigsten Gebot in Gottes Reich: »Liebe deinen Mitmenschen wie dich selbst!« Wenn ihr das in die Tat umsetzt, handelt ihr richtig. Beurteilt ihr dagegen Menschen nach unterschiedlichen Maßstäben, dann macht ihr euch schuldig und werdet durch das Gesetz entlarvt.*

Die Gemeinde Gottes muss sich erheben, um in einer neuen Dimension der Liebe zu leben. In der frühen Kirche wurden viele Christen zu Märtyrern. Auf dem Weg in den Tod sangen sie oft Lieder, beteten für ihre Feinde und segneten die, die sie töten wollten. Der allererste Märtyrer, Stephanus, beendete sein Leben mit den Worten, die Jesus kurz vor seinem Tod sagte:

> *Herr, rechne ihnen diese Sünde nicht zu! (Apg 7,60)*

Einer dieser frühen Märtyrer wurde auf den Scheiterhaufen gebracht, um verbrannt zu werden, und sein Verfolger fragte ihn spöttisch: „Was kann dein Gott jetzt für dich tun?“ Er antwortete: „Er gibt mir die Kraft, dich zu lieben und dir zu vergeben.“

Ich reise in viele Länder und besuche viele Gemeinden, dabei besorgt es mich zu sehen, dass viele Christen eher für ihre Rechte kämpfen würden, als in wahrer Liebe zu leben. Ich möchte dir einige

Schriftstellen zeigen, die mein Leben sehr stark geprägt haben, während ich in den letzten Jahren immer wieder darüber nachgedacht habe. Das sind die Worte Jesu in Matthäus 5,44:

> *Ich aber sage euch: Liebet eure Feinde, segnet, die euch fluchen, tut wohl denen, die euch hassen, und bittet für die, so euch beleidigen und verfolgen*

Jesus befiehlt seinen Jüngern hier, ihre Feinde zu lieben. Wenn die Bibel in diesem Vers von Liebe spricht, spricht sie von Agape-Liebe, der göttlichen Liebe, der Liebe, die nichts gibt und nichts will.

In Matthäus 5,39-40 sagt Jesus,

> *Ich aber sage euch: Ihr sollt dem Bösen nicht widerstehen; sondern wenn dich jemand auf deinen rechten Backen schlägt, so biete ihm auch den andern dar; und wer mit dir rechten und deinen Rock nehmen will, dem lass auch den Mantel;*

Stelle dir im Blick auf diese Schriftstelle die Frage: „Was mache ich, wenn Leute versuchen, mich auszunutzen?“ Jesus spricht hier von unseren Feinden und Menschen, die mit uns boshaft umgehen. Erst diese Woche sagte mir ein Pastor: „Ich mag das Gefühl nicht, benutzt zu werden.“ Ich verstehe, dass es kein angenehmes Gefühl ist, benutzt zu werden. Dennoch sagte Jesus deutlich, dass wir diejenigen lieben sollen, die mit uns gemein umgehen. Wenn wir wirklich verstehen, dass die Liebe nie scheitert, werden wir wissen, dass dies der einzige Weg ist, unsere Feinde zu überwinden. Hass kann niemals durch Hass überwunden werden; Hass kann nur durch Liebe überwunden werden.

Ich habe gerade eine Geschichte von einem Pastor in Ägypten gehört, wo Moslems viele christliche Kirchen niedergebrannt haben. Eine Kirche nach der anderen stellte danach ein Schild auf, auf dem stand: „Wir vergeben dir und wir lieben dich.“ Um es kurz zu machen: Hunderttausende von Moslems wurden gerettet, *weil die Liebe nie scheitert.*

Dient wirklich alles zu unserem Besten?

Römer 8,28 wird oft von Menschen zitiert, die durch schwierige Zeiten gehen. Sie sagen: „Alles dient zu meinem Besten." Aber in dieser Schriftstelle steht tatsächlich:

> *Wir wissen aber, dass denen, die Gott lieben, alles zum Besten mitwirkt, denen, die nach dem Vorsatz berufen sind.*

Die Bibel sagt nicht nur, dass alles zu unserem Besten dient. Es stehen hier zwei Bedingungen. Die erste Bedingung ist, dass man nach seinem Vorsatz berufen ist. Wenn du ein Christ bist, bist du offensichtlich entsprechend seines Vorsatzes berufen. Aber die andere Bedingung ist, Gott zu lieben. Das griechische Wort für Liebe ist hier das Wort *agape*, welches die selbstlose göttliche Liebe ist. Wenn du willst, dass alle Dinge zu deinem Besten dienen, musst du beide Bedingungen erfüllen.

Aber dieser Zustand beinhaltet nicht nur die Liebe zu Gott, sondern auch die Liebe zu deinen Brüdern. Die Bibel sagt, dass man Gott nicht lieben kann, wenn man seinen Bruder nicht liebt (1. Johannes 4,20). Ich werde dies später näher erläutern. Wenn du willst, dass alle Dinge in deinem Leben für immer zum Besten mitwirken, dann musst du dich bemühen, zu lernen, in vollkommener Liebe zu wandeln. Viele Christen leben in Niederlagen, und die Dinge entwickeln sich nie zu ihrem Besten. Ich glaube, der Hauptgrund dafür ist, dass sie nicht in Liebe leben. Wenn wir wirklich in Liebe leben, dann wird Gott seine Verheißung an uns erfüllen, dass alles zu unserem Wohl dient. Selbst die schrecklichsten Dinge müssen zu meinem Besten mitwirken, weil das die Bibel sagt: „Alle Dinge dienen zu meinem Besten". Wir alle wissen, dass das Leben viele

Herausforderungen und Schwierigkeiten mit sich bringt. Das ist ein normaler Teil des Lebens. Seit ich möchte, dass alle Schwierigkeiten und Probleme zu meinem Besten dienen, habe ich versucht, in vollkommener Liebe gegenüber allen Menschen und Gott zu leben.

Viele Christen verstehen bedingte Verheißungen nicht. Wenn ich sage, dass ich jedem Amerikaner, der in meine Wohnung kommt, 250 Dollar geben werde, dann stelle ich zwei Bedingungen für den Erhalt von 250 Dollar. Die erste Bedingung ist, dass man Amerikaner sein muss. Bedeutet das, dass jeder Amerikaner von mir 250 Dollar erhält? Natürlich nicht. Weil ich zwei Bedingungen an mein Versprechen stelle. Die erste Bedingung ist, Amerikaner zu sein; die zweite Bedingung ist, in meine Wohnung zu kommen. Aber viele Christen verhalten sich genau so. Sie erfüllen eine Bedingung und fragen sich, warum die Bibel in ihrem Leben nicht funktioniert.

Die Bibel bringt keinen Nutzen für diejenigen, die sie *kennen*, sondern für diejenigen, die danach *handeln*. Die Verheißungen Gottes sind keine Garantie, sondern ein Angebot, das wir in Anspruch nehmen können. So wie nicht jeder Amerikaner 250 Dollar bekommt, sondern nur die Amerikaner, die in meine Wohnung kommen, so dienen auch nicht alle Dinge im Leben eines jeden Christen für immer zum Besten, sondern nur für diejenigen, die beide Bedingungen erfüllen. Wenn du also nicht in Liebe lebst, obwohl du nach seinem Vorsatz berufen bist, werden nicht alle Dinge zu deinem Besten dienen.

Wenn du aber ein Christ bist und in vollkommener Liebe zu Gott und deinen Mitmenschen lebst, hast du die Garantie des Wortes Gottes, dass alles zu deinem Wohl dienen muss. Diese Wahrheit reicht mir aus, um zu versuchen, in Liebe zu leben. Jesus sagt:

Liebet ihr mich, so haltet meine Gebote! (Joh 14,15)

Er hat uns das neue Gebot gegeben, in Liebe zu leben. Es ist keine kluge Entscheidung, nicht in Liebe zu leben. Das Leben bringt genug Probleme mit sich. Wenn wir klug sind, sorgen wir dafür, dass alle

Schwierigkeiten, Probleme und Nöte zu unserem Besten dienen. Wenn du dich entscheidest, nicht in vollkommener Liebe zu leben, entscheidest du dich tatsächlich dafür, ein Leben gegen dich selbst zu leben.

Kapitel 4

Unsere Feinde lieben

In Matthäus 5,44 sagte Jesus:

> *Ich aber sage euch: Liebet eure Feinde, segnet, die euch fluchen, tut wohl denen, die euch hassen, und bittet für die, so euch beleidigen und verfolgen;*

Betrachten wir diesen Vers im Detail. Diese Worte sind nicht nur gute Ideen von irgendeinem Mann, sie sind die Worte Jesu Christi. Jesus begann diesen Absatz mit den Worten: *„Ich aber sage euch. . .* " das sind also die persönlichen Anweisungen unseres Herrn. Wenn Er sagt, dass wir unsere Feinde lieben sollen, meint er weder, dass wir sie mit unserer eigenen menschlichen Liebe lieben sollen, noch, dass es ein Gefühl ist, welches wir haben werden. Er will, dass wir sie mit einer vollkommenen, bedingungslosen Liebe lieben, die denen gegeben wird, die sie nicht verdienen, und ohne, dass wir etwas dafür zurück erwarten.

Dann sagt Jesus weiter: *„Segnet, die euch fluchen."*

Wir können häufig sehr religiös sein, wenn es darum geht, Dinge zu sagen. Ich habe Menschen oft sagen hören: „Oh, Gott segne dich", wenn jemand ihnen etwas Schlechtes getan hat. Aber wenn die Bibel von Segen spricht, dann geht es nicht nur um das Aussprechen schöner Worte wie „Gott segne dich". Es ist vielmehr das Aussagen von guten Dingen über das Leben eines Menschen und das entsprechende Handeln danach.

Wenn Gott dein Leben segnet, wird er nicht nur schöne Dinge *zu* dir sagen, sondern auch schöne Dinge *für* dich tun. Der Segen

Gottes ist eine Handlung, die messbar ist. So, wie Jesus weiter im Zusammenhang mit der Liebe zu unseren Feinden sagt:

> *Auf dass ihr Kinder eures Vaters im Himmel seid. Denn er lässt seine Sonne aufgehen über Böse und Gute und lässt regnen über Gerechte und Ungerechte. (Mt 5,45)*

Dies sind Handlungen und nicht nur bloße Worte; und wir müssen auf die gleiche Weise handeln. Wenn Jesus sagt, wir sollen unsere Feinde segnen, sagt er nicht nur, dass wir ein religiöses Gebet für unsere Feinde sprechen sollen, wie z.B. „Gott segne sie". Vielmehr sollten wir unser Segnen mit unserem Handeln zeigen. Wenn die Leute uns verfluchen, sagen wir nicht nur: „Oh Gott, bitte segne sie." Wir müssen besonders dafür beten, dass gute Dinge in ihr Leben kommen und dass Gott bestimmte gute Dinge für sie tut. Ich habe gelernt, Menschen mit meinen Taten zu segnen, wenn sie mich verfluchen. Vor kurzem hat mir ein Mann sehr viel Schaden zugefügt. Ich beschloss, dieser Schriftstelle zu gehorchen und schrieb ihm einen Brief, in dem ich ihm sagte, dass ich ihn liebe und für den Wohlstand Gottes in seinem Leben bete. Dann schickte ich ihm einen Scheck über 500 Dollar.

Jesus gibt uns weitere Anweisungen:

> *Bittet für die, so euch beleidigen und verfolgen. (Mt 5,44)*

Jesus weist uns an, diese Dinge zu tun, weil unser Charakter für Gott wichtiger ist als die schönen Dinge, die wir in unserem Leben haben. Wenn wir den Menschen, die gegen uns sind, diese Art von Liebe zeigen, dann zeigen wir das Herz und den Charakter Gottes. In Matthäus 5,45 ermahnt uns Jesus, in dieser Art von Liebe zu leben.

Auf dass ihr Kinder eures Vaters im Himmel seid. Denn er lässt seine Sonne aufgehen über Böse und Gute und lässt regnen über Gerechte und Ungerechte.

Gott will, dass wir der Welt um uns herum seinen Charakter zeigen. Gott will, dass die Welt durch unser Leben sieht, dass wir seine wahren Söhne sind. Wahre Söhne zeigen das Wesen ihres Vaters. Gott hat uns bereits geliebt, als wir Sünder waren und gegen ihn waren. Er möchte, dass wir allen Menschen diesen Charakter und dieses Herz zeigen.

Wenn wir bis zum Äußersten lieben, besonders die, die gegen uns sind, uns hassen und uns benutzen, dann zeigen wir wirklich das Wesen unseres Vaters im Himmel.

Manchmal haben wir die Vorstellung, dass Gott nur die Menschen liebt, die seine Liebe verdienen. Wegen dieses falschen Verständnisses wissen viele Christen nie, dass sie wirklich von Gott geliebt sind, denn sie haben nie das Gefühl, seine Liebe zu verdienen. Sie versuchen ständig, gute Werke zu tun, um seine Liebe zu verdienen. Dies wird zu einem Teufelskreis, denn jedes Mal, wenn wir versagen, fühlen und glauben wir, dass Gott uns jetzt nicht mehr liebt. Wenn wir diese Einstellung haben, werden wir auch nur die Menschen lieben, von denen wir glauben, dass sie unsere Liebe verdienen. Aber Jesus warnt uns vor dieser Haltung.

Ich habe kürzlich in einer Gemeinde gepredigt, wo die Salbung und die Gegenwart Gottes sehr stark waren. Die Leute sagten mir immer wieder: „Oh, Pastor Reinhard, ich liebe dich. Ich liebe dich so sehr." Nach etwa zwei Tagen sagte ich den Leuten von der Kanzel: „Ihr sagt mir immer wieder, dass ihr mich liebt, und ich schätze es, aber ihr werdet dafür keine Belohnung bekommen." Weil Jesus sagte:

Denn wenn ihr die liebt, die euch lieben, was habt ihr für einen Lohn? Tun nicht die Zöllner dasselbe? (Mt 5,46)

Wenn wir von unserem Vater im Himmel eine Belohnung wollen, müssen wir so lieben, wie er liebt. Er liebt diejenigen, die seine Liebe nicht verdienen.

Wie ich bereits sagte, bin ich vor einigen Jahren gestorben und in den Himmel gegangen, und als ich dort war und Jesus mir in die Augen sah, war seine tiefe Liebe zu mir völlig überwältigend. Aber in dieser himmlischen Erfahrung machte Jesus mir sehr deutlich, dass er jeden Sünder liebt – egal wie böse er ist oder wie tief er in seinen Sünden steckt – er liebt ihn so leidenschaftlich, wie er mich liebt. Jesus wünscht, dass alle Menschen gerettet werden und die Ewigkeit mit ihm verbringen. Aber wenn wir glauben, dass Gott nur diejenigen liebt, die seine Liebe verdienen, dann werden wir auch nur diejenigen lieben, von denen wir glauben, dass sie unsere Liebe verdienen, und wir werden sein wahres Wesen nicht widerspiegeln.

In Matthäus 5,48 sagt Jesus:

> *Darum sollt ihr vollkommen sein, gleichwie euer himmlischer Vater vollkommen ist!*

Jesus sagt nicht, dass wir ein Leben in sündloser Vollkommenheit führen werden. Jesus sagt dies im Zusammenhang mit der Liebe zu allen Menschen, besonders zu unseren Feinden, denn Gott liebt in seiner Vollkommenheit alle Menschen. Und Jesus sagte, wir sollten alles tun, was wir können, um zu lernen, in der vollkommenen Liebe Gottes zu leben. Dabei spiegeln wir den vollkommenen Charakter des Vaters wider. Wenn wir lernen, so zu leben, wird nicht nur unser Leben auf Erden so viel besser sein, sondern wir werden auch einen großen, ewigen Lohn erhalten. Jesus sagte: „Wenn wir diejenigen lieben, die gegen uns sind, dann werden wir von unserem Vater im Himmel einen Lohn bekommen.“ Wir müssen uns entscheiden, nicht für den irdischen Lohn zu leben, sondern für den ewigen Lohn. Wenn wir nur diejenigen lieben, die uns lieben, wird unser Lohn sein, dass wir die Liebe der Menschen empfangen werden, aber wir werden keinen ewigen Lohn erhalten. Unsere menschliche

Natur will nur diejenigen lieben, die uns lieben, aber Gottes Natur in uns wird jene Menschen lieben, die nicht liebenswert sind und unsere Liebe nicht verdienen.

Erst kürzlich las ich zwei Geschichten über wahre Liebe. Beide sind in Indien passiert. In der ersten Geschichte konvertierte ein Mann zum Christentum und deswegen wurde er von seinem eigenen Volk verfolgt. Dieser Mann war ein Bauer und die Hindus brannten alle seine Felder, die seinen Lebensunterhalt sicherstellten, nieder. Einige Christen versammelten sich, sammelten Geld und brachten es zu diesem Mann. Sie sagten ihm, dass sie genug Geld für ihn hätten, um einen Anwalt für ihn zu engagieren, der diese Leute vor Gericht bringt, damit er seine Rechte durchsetzen kann. Dieser Mann antwortete: „Ich bin vom Hinduismus zum Christentum übergetreten und ich bin von Christus gelehrt worden, meine Feinde zu lieben und zu vergeben. Ich habe meinen Feinden vergeben. Wie kann ich sie jetzt vor Gericht bringen und für mein Recht kämpfen?“ Dann gab er das Geld den Christen zurück.

Heute sehen wir so viel Hass zwischen Christen und Muslimen in vielen Nationen der Welt. Sie vergelten immer wieder, anstatt einander zu lieben und zu vergeben; deshalb geht der Kreislauf der Gewalt weiter. Die Christen haben es in der Hand, diesen Teufelskreis zu durchbrechen, indem sie in Liebe und Vergebung handeln.

Die zweite Geschichte, die ich las, war eine Geschichte, die mein Herz tief berührte, besonders wegen der Zeit, in der wir leben. Dieses Ereignis fand in einer Schule in Indien statt. Ein Junge ging zur Schule und sein Mittagessen wurde gestohlen. Er erzählte einem Lehrer, was passiert war, und dieser fand den Jungen, der das Mittagessen gestohlen hatte. Es war ein sehr armer Junge, der außerdem durch einen gebeugten Rücken behindert war. Zu dieser Zeit war in den Schulen in Indien körperliche Bestrafung normal und akzeptiert. Zur Strafe sollte mit einer Stange auf den nackten Rücken des Jungen geschlagen werden. Der Lehrer sagte zu dem Dieb: „Zieh deinen Mantel aus.“ Aber der arme Junge wollte seinen Mantel nicht ausziehen, weil ihm sein gebeugter Rücken peinlich war. Also stellte der Junge, dessen Mittagessen gestohlen wurde, dem Lehrer diese Frage: „Gibt es eine Regel, die es verbietet, die Strafe für jemand anderen zu übernehmen?" Der Lehrer antwortete: „Ich kenne eine solche Regel nicht." Dann ging der Junge, dessen Mittagessen gestohlen wurde, an die Vorderseite des Klassenzimmers, zog seinen Mantel und sein Hemd aus und sagte zu dem Lehrer: „Bitte schlagen Sie mich mit der Stange. Ich möchte seine Strafe tragen." Wegen dieser Demonstration der Liebe wurde der Junge, der das Mittagessen stahl, ein Christ und ein Pastor, der das Evangelium predigte. Die Liebe versagt nie.

Als ich diese Geschichte las, war ich tief berührt und stellte mir die Frage: „Wie viele Prediger des Evangeliums hätten wir heute noch, wenn jeder Christ immer versuchen würde, in vollkommener Liebe zu leben?? Ich habe mir auch die Frage gestellt: „Habe ich solche Gelegenheiten verpasst?" Ich habe mich entschieden, dass ich für meine Liebe bekannt sein will und nicht für meine Gaben. Bei meinen Reisen in viele Nationen, wo Gott mich durch seine Gnade auf wunderbare Weise benutzt, macht es mich manchmal traurig, dass die Menschen mich nur wegen meiner Gaben und meiner Salbung kennen. Viele Male habe ich zum Herrn gebetet: „Wenn ich vor dir stehe, will ich nicht für meine Gaben bekannt sein, sondern für die Art und Weise, wie ich geliebt habe."

Kapitel 5

Erschaffen nach dem Bild der Liebe

In 1. Mose 1,26 sagt die Bibel:

> *Wir wollen Menschen machen nach unserm Bild uns ähnlich.*

Als Gott die Menschen erschuf, schuf er sie nach seinem eigenen Bild. Ich habe viele Diskussionen darüber gehört, was es bedeutet, nach Gottes Bild erschaffen zu sein und viele verschiedene Erklärungen dieser Schriftstelle – Dinge wie, Gott ist drei in einem, Vater, Sohn und Heiliger Geist, und wir sind auch drei in einem, Körper, Seele und Geist; deshalb sind wir nach seinem Bild erschaffen. Aber nach meinem Verständnis ist diese Schriftstelle sehr klar. Wir wurden nach Gottes Ebenbild oder nach seinem Bild erschaffen. Wenn ich in den Spiegel schaue, sehe ich mein eigenes Bild. Was sehe ich da? Ich sehe einen Mann in den 50ern, dessen Haare immer weniger werden, der blaue Augen hat und 1,65 m groß ist. Warum sehe ich das? Weil ich mein eigenes Bild sehe.

Wenn wir nach Gottes Ebenbild geschaffen wurden, müssen wir uns folgende Frage stellen: Wie ist Gott? Die Bibel sagt in 1. Johannes 4,8, dass Gott Liebe ist. Wenn wir also nach dem Bild Gottes geschaffen wurden, wurden wir nach dem Bild der Liebe geschaffen.

In Kolosser 1,15 heißt es, dass Jesus das Bild des unsichtbaren Gottes ist. Wenn du Gott wirklich sehen willst, musst du auf Jesus schauen. Nur in Jesus Christus kannst du Gott sehen, denn er ist das Bild des unsichtbaren Gottes. Er ist das Wort, das Fleisch geworden ist, sagte Jesus.

Wer mich gesehen hat, der hat den Vater gesehen! (siehe Johannes 14,9)

Manchmal kommen Menschen zwischen dem Alten Testament und dem Neuen Testament durcheinander. Ich glaube, dass es daran liegt, dass sie sich nicht auf Jesus konzentrieren. Alles im Alten Testament zeigte auf Christus. Damit du das Wesen Gottes wirklich verstehen kannst, musst du auf Christus schauen. Alles an ihm war Liebe. Er lehrte uns, unsere Feinde zu lieben. Er überwand die Ablehnung mit Vergebung und Liebe. Er trotzte seiner eigenen Gesellschaft, indem er Frauen und Kinder mit Respekt liebte und behandelte. Die Sünder und Verlorenen wurden magisch zu ihm hingezogen. Warum? Die Sünder liebten ihn, weil er das Bild Gottes, seines Vaters, widerspiegelte, der Liebe ist.

Da Gott Liebe ist, wurden auch wir nach dem Bild der Liebe erschaffen. Für uns ist „*Nicht-Lieben*" gegen unsere göttlich geschaffene Natur. Wenn die Natur Gottes Liebe ist und wir in Seinem Ebenbild erschaffen wurden, dann ist unsere Natur auch Liebe. Die Sünde hat unsere Natur zerstört. Aber Jesus hat uns durch das Kreuz wiederhergestellt. Gemäß 2. Korinther 5,17 ist jeder, der in Christus ist, eine neue Schöpfung. Jetzt ist unsere geistliche DNA wiederhergestellt. Unsere geistliche DNA ist die Liebe. Aus diesem Grund handeln wir jedes Mal, wenn wir nicht in vollkommener Liebe leben, gegen unsere Natur, und somit kann das Leben für uns nicht gut laufen, weil wir aus dem Gleichgewicht mit uns selbst geraten sind. Jedes Mal, wenn wir im Fleisch leben, unserer natürlichen Natur, lehnen wir uns gegen unsere eigene geistliche DNA auf, und sind so aus dem Gleichgewicht. Deshalb sind egoistische Menschen die unglücklichsten Menschen, weil sie aus dem Gleichgewicht mit sich selbst geraten sind. Es ist meine Erfahrung und Beobachtung, dass egoistische Menschen die unglücklichsten sind. Aber Menschen, die wirklich in der göttlichen Liebe leben, sind hochzufrieden.

Wenn wir diese Wahrheit verstehen, werden wir erkennen, dass es einzig und allein Sinn macht, in vollkommener Liebe zu leben.

Deshalb sagt die Bibel: „Eifere nach der Liebe." Nutze all deine Energie und Konzentration, um ein Leben in Liebe zu führen. Das, was die Luft für unsere Lungen ist, ist das Wandeln in Liebe für unser Leben. Wenn wir ständig verunreinigte Luft einatmen, vergiftet das unsere Lungen und beeinflusst unseren Körper. Warum? Weil unsere Lunge für eine saubere, gute Luft geschaffen wurde. Wir wurden nach Gottes Ebenbild erschaffen und Gott ist Liebe, also wurden wir geschaffen, um zu lieben.

Das eigentliche Problem im Garten Eden, als Adam und Eva sündigten, war nicht der Ungehorsam. Obwohl die Bibel sagt, dass sie ungehorsam waren und durch ihren Ungehorsam die Sünde in die Welt kam, lag das Problem meiner Meinung nach tiefer. Adam und Eva wurden im Abbild der Liebe geschaffen. Deshalb verletzte jede Handlung, die nicht Liebe war, ihre spirituelle DNA. Jesus sagte in Johannes 14,15:

Liebet ihr mich, so haltet meine Gebote!

In dem Moment, in dem Adam und Eva Gott nicht gehorchten, hörten sie auf, in Liebe zu leben, in deren Bild sie geschaffen wurden. Das war das eigentliche Problem ihrer Sünde. Wenn unsere Herzen diese Wahrheit begreifen können und wir wirklich verstehen, dass alles, außer das Leben in der göttlichen Liebe, für uns völlig unnatürlich ist, dann werden wir alles in unserer Macht stehende tun, um in der Liebe zu leben.

Kapitel 6

Gott kennen

Gehen wir zurück zu 1. Johannes 4,8, wo es heißt:

Wer nicht liebt, kennt Gott nicht; denn Gott ist Liebe.

Es gibt Christen, die nicht in Liebe leben, und doch behaupten, Gott zu kennen. Aber hier zeigt uns die Bibel, dass wir Gott nicht kennen, wenn wir unser Leben nicht in Liebe führen. Wie kann das sein? Stell dir vor, du fragst einen Christen, der in Unversöhnlichkeit, Bitterkeit und Groll lebt: „Kennst du Gott?" Wahrscheinlich wird er dir sagen: „Ja, ich kenne Gott. Ich bin ein Christ." Du kannst deine Bibel lesen, beten, zum Gottesdienst gehen und behaupten, Gott zu kennen. Aber die Bibel sagt deutlich, dass wir Gott nicht kennen, wenn wir nicht lieben. Ich möchte dir die biblische Bedeutung der Erkenntnis Gottes erklären. Die Bibel verwendet verschiedene griechische Wörter für *„Erkennen"*. Das Wort für Erkennen *(Ginosko)* meint hier kein Kopfwissen oder eine Erkenntnis in unserem Verstand. Es bedeutet, etwas aus der Erfahrung zu wissen. Das heißt, dass diejenigen, die nicht in Liebe leben, nicht in der erfahrbaren Erkenntnis Gottes leben.

Wenn du Gott wirklich in all seiner Fülle erleben willst, musst du in Liebe leben. Warum ist dies der einzige Weg, um Gott wirklich zu erfahren? Weil Gott Liebe ist. Wenn du mehr als nur ein oberflächliches Leben willst, wenn du Gott nicht nur in deinem Kopf kennen, sondern mit einer regelmäßigen und ständigen Erfahrung von dem allmächtigen Gott, dem Schöpfer des Universums, leben willst, musst du in Liebe leben. Wer nicht in Liebe lebt, kennt (erlebt) Gott nicht wirklich.

Ich hasse Religion. Ich will nicht nur etwas *über* Gott wissen. Ich möchte kein theoretisches christliches Leben führen. Ich möchte Gott selbst jeden Tag erleben. Ich möchte, dass Er in jeden Teil meines Lebens einbezogen wird. Ich möchte ein Leben führen, in dem alle meine Gebete erhört werden. Wie können wir so leben? Wir können nur so leben, wenn wir in vollkommener Liebe leben. Diejenigen, die in Liebe leben, werden Gott erleben. Gott hat keine Lieblinge. Jedes einzelne Seiner Kinder kann Ihn in all Seiner Fülle erleben. Das Geheimnis ist, wirklich in der Liebe zu leben. Du wirst Gott in dem Ausmaß erleben, in welchem du in wahrer Liebe lebst.

Es macht mich sehr traurig, Christen zu sehen, die Gott nicht erleben, sondern das Christentum gegen eine Religion eingetauscht haben. Der Schlüssel, um Gott jeden Tag deines Lebens zu erfahren, ist ein Leben in Liebe. Wenn ich dir die Frage stellen würde: „Willst du Gott jeden Tag erleben?“ Dann würdest du höchstwahrscheinlich antworten: „Ja, natürlich.“ Dann musst du in der Liebe leben. Diejenigen, die nicht lieben, kennen (erfahren) Gott nicht. Man kann Gott nicht durch Fasten, Beten und Opfer wirklich erleben. Obwohl diese christlichen Disziplinen sehr wichtig sind, ist der Schlüssel zur wahren Erfahrung Gottes der, ein Leben in vollkommener Liebe zu führen.

In Gott bleiben

Die Bibel spricht viel darüber, wie gut es für uns ist, in Gott zu bleiben. Jesus sagt:

> *Wer in mir bleibt und ich in ihm, der bringt viel Frucht. (Johannes 15,5)*

Und er fährt fort:

> *Wenn ihr in mir bleibet und meine Worte in euch bleiben, möget ihr bitten, was ihr wollt, so wird es euch widerfahren. (Johannes 15,7)*

Psalm 91 spricht über die erstaunlichen Verheißungen von Schutz, Gesundheit und Sicherheit, wenn wir in Gott bleiben. Aber was bedeutet es, „in Gott zu bleiben?“ Und wie können wir das praktisch erleben?

In 1. Johannes 4,16 steht:

> *Und wir haben erkannt und geglaubt die Liebe, die Gott zu uns hat; Gott ist Liebe, und wer in der Liebe bleibt, der bleibt in Gott und Gott in ihm.*

Wie uns Jesus in Johannes 15 garantiert hat, werden wir, wenn wir in Ihm und Er in uns bleibt, viel Frucht bringen. Es sollte der Wunsch eines jeden Christen sein, ein fruchtbares Leben zu führen. Hier verspricht uns Jesus nicht nur ein *fruchtbares Leben,* sondern garantiert uns auch ein Leben mit *viel Frucht.*

Wie können wir diese Erfahrung von vielen Früchten in unserem Leben machen? Wir können es nur erleben, wenn wir in Ihm bleiben und Er in uns. Gott zeigt uns hier in 1. Johannes 4 das Geheimnis. Wie bei so vielen anderen Schriftstellen, hat auch diese Verheißung hier eine Bedingung. Christen wollen, dass die Verheißungen Gottes in ihrem Leben erfüllt werden, aber häufig sind sie nicht bereit, die Bedingungen zu erfüllen oder wissen nicht, wie sie diese erfüllen können. Die Voraussetzung dafür, dass wir viel Frucht bringen, ist, dass wir im Herrn bleiben und er in uns. *Bleiben* bedeutet, ständig in einer bestimmten Position zu verweilen. In Gott zu bleiben bedeutet, in der Liebe zu bleiben – kontinuierlich in der göttlichen Liebe zu leben. So leben wir in Gott und er in uns. Die Bedingung dafür, ein Leben in Fruchtbarkeit zu führen, ist ein Leben in Liebe. Aber oft rutschen wir in unserem täglichen Leben leicht aus einem Lebensstil der Liebe heraus. Was müssen wir in diesen Zeiten tun? Wir müssen einfach umkehren und zu einem Leben in Liebe zurückkehren. Wenn wir Gott jedes Mal um Vergebung bitten, wenn wir nicht in Liebe gelebt haben, und dann wieder zu einem Lebensstil der Liebe zurückkehren, bleiben wir in Gott und er in uns. Das ist die Garantie für ein Leben mit viel Frucht.

Aber auch das Gegenteil ist der Fall. Wenn wir nicht dauerhaft in der Liebe leben, wenn dies nicht unser größtes Ziel im Leben ist, dann bleiben wir nicht in Gott und unser Leben wird nicht fruchtbar sein. Wir müssen verstehen, dass Gott Frucht und Ertrag anders misst als wir. Wir können sehr leicht auf die Menschen um uns herum schauen, aber am Ende des Tages ist es Gott, der unser Richter ist und nicht andere. Er ist der Einzige, der beurteilen wird, ob unser Leben fruchtbar war oder nicht. Es ist traurig, das Leben von Menschen zu beobachten, die nicht in der Liebe bleiben. Ihr Leben ist ein ständiges Auf und Ab. Die Umstände bestimmen ihr Leben. Sie haben Momente des großen Ertrags, gefolgt von Momenten der Niederlage. Sie haben Momente der Freude, gefolgt von Momenten der Frustration und Irritation. Jesus sagte in Johannes 15, dass wir Früchte bringen werden, die bleiben. Gott will nicht, dass unser Leben auf und ab geht, sondern, unabhängig von allen Umständen, ständig fruchtbar ist. Doch wie geht das? Es kann nur erreicht werden, wenn wir in Gott bleiben und Gott in uns. Dies ist die einzige Garantie für ein fruchtbares Leben, das von Dauer ist. Also müssen wir das Leben in Liebe zu unserem obersten Ziel machen. Umkehr ist der Schlüssel zu diesem Lebensstil. Sobald du dich dabei erwischst, nicht in Liebe zu leben, kehre schnell um und zu einem Lebensstil der Liebe zurück.

Den Heiligen Geist betrüben

Der Heilige Geist ist die dritte Person der Gottheit. Wir müssen verstehen, dass er Gott ist und nicht nur eine Macht oder ein Einfluss in unserem Leben. Wir müssen in einer Beziehung mit dem Heiligen Geist leben. Ohne ihn werden wir kein Leben im Sieg führen. In Apostelgeschichte 10,38 steht:

Jesus von Nazareth, wie Gott ihn mit heiligem Geist und Kraft gesalbt hat, welcher umherzog, indem er wohltat und alle heilte, die vom Teufel überwältigt waren; denn Gott war mit ihm.

Hier sehen wir das perfekte Zusammenspiel aller drei Teile der Gottheit. Als Jesus seinen Dienst begann, zitierte er aus dem Buch Jesaja und sagte:

> *Der Geist Gottes, des HERRN, ist auf mir, weil der HERR mich gesalbt hat. (Jes 61,1)*

Und dann zeigte Jesus die Kraft des Heiligen Geistes, indem er die Kranken heilte und große Wunder tat. Das sagte der Apostel Paulus:

> *Und meine Rede und meine Predigt bestand nicht in überredenden Worten menschlicher Weisheit, sondern in Beweisung des Geistes und der Kraft. (1 Kor 2,4)*

Ohne den Heiligen Geist, der aktiv in unserem Leben ist, können wir kein Leben in Kraft führen. Epheser 4, 29-30 sagt:

> *Keine schlechte Rede gehe aus eurem Munde, sondern was gut ist zur notwendigen Erbauung, dass es den Hörern wohltue. Und betrübet nicht den heiligen Geist Gottes, mit welchem ihr versiegelt worden seid auf den Tag der Erlösung.*

Wir müssen uns immer wieder daran erinnern, dass die Bibel nicht in Kapiteln und Versen geschrieben wurde. Paulus stellt eine direkte Verbindung her zwischen dem Betrüben des Heiligen Geistes und schlechtem Reden. Wir müssen verstehen, dass der Heilige Geist betrübt werden kann. Das bedeutet nicht, dass Gott uns nicht liebt. Er liebt uns bedingungslos. Aber wir können uns selbst von der engen Gemeinschaft mit dem Heiligen Geist distanzieren, indem wir falsche Entscheidungen treffen. Wann immer wir also den Heiligen

Geist betrüben, müssen wir schnell Buße tun und wieder in die Gemeinschaft mit ihm zurückkehren.

Wie betrüben wir den Heiligen Geist? Wir müssen Vers 29 mit Vers 30 verbinden. Wir betrüben den Heiligen Geist durch die Worte, die wir über andere Menschen sprechen. Epheser 4,29 zeigt uns, dass wir Dinge sagen können, die den Heiligen Geist betrüben. Hier steht, dass wir nichts Schlechtes sagen sollen – sondern nur das, was den Hörern wohl tut. Und dann wird diese Aussage sofort mit dem Betrüben des Heiligen Geistes verbunden. Wenn wir über andere Menschen, besonders über andere Christen, tratschen, betrübt das den Heiligen Geist, auch wenn wir Dinge sagen, die wirklich geschehen sind. Die Frage ist nie, ob diese Dinge tatsächlich passiert sind oder nicht. Die Frage ist: *„Tuen die Dinge, die wir sagen, denen, die sie hören, gut?"* Stell dir vor, ein christlicher Bruder ist in Sünde gefallen und du hörst von jemand anderem davon. Wenn du nun gehst und das, was du gerade gehört hast, einem deiner anderen christlichen Freunde erzählst, wird das der Person, der du dein Wissen mitteilst, nicht wohltuen, auch wenn die Informationen wahr sind. Aber dein Freund hat jetzt eine andere Meinung über die Person, von der du gerade gesprochen hast. Diese Meinung ist nicht von Gnade und Liebe geprägt, sondern von Verurteilung. Dieser Punkt ist viel ernster, als wir glauben.

Wir sollen niemanden verurteilen; wir sollen unsere Brüder und Schwestern vor Anklage schützen. Wenn wir Sünde im Leben eines Menschen ansprechen müssen, müssen wir lernen, direkt mit diesen Menschen zu sprechen und nicht mit anderen darüber zu schwatzen. Es gibt einen Unterschied zwischen konstruktiver und destruktiver Kritik. In Matthäus 18,15-19 gibt uns Jesus klare Anweisungen, wie wir der Sünde im Leben unseres Bruders gegenübertreten können. Hier sind die wichtigsten Dinge, die wir aus dieser Anleitung lernen können:

1. Jesus sagte, wenn dein Bruder gegen dich sündigt, dann musst du direkt mit ihm, und nicht mit anderen Leuten, über sein

Verhalten reden. Der große deutsche Reformator Martin Luther sagte: Gibt man seine Zunge oder sein Ohr für die Kritik an seinem Bruder hin, dann gibt man seine Zunge oder sein Ohr dem Teufel. Konstruktive Kritik spricht mit der Person, die die Sünde begangen hat. Zerstörerische Kritik spricht mit anderen über diese Person. Wenn wir auf zerstörerische Worte hören, machen wir uns zu den Mülleimern des Schmutzes anderer Menschen. Wenn wir diese Worte zu anderen sprechen, machen wir sie zu den Mülleimern unserer Kritik.

2. Wenn dein Bruder sich weigert zuzuhören – und nur dann – nimmst du zwei oder drei Personen mit, um deinen Bruder zu konfrontieren.

3. Wenn dein Bruder sich weiterhin weigert zuzuhören, bringst du das Anliegen vor die Leitung der Gemeinde.

4. In all dem muss das Motiv immer sein, diesen Bruder liebevoll wiederherzustellen, niemals ihn oder seine Sünde bloßzustellen.

5. Jesus spricht nicht über die Fehler von Menschen – er redet von der Sünde, die gegen dich begangen wurde. Wenn wir den Anweisungen Jesu folgen würden, würden wir uns und der Gemeinde viele Probleme ersparen und dem Teufel keinen Halt geben. Stell dir immer diese Frage: „Wird es meinem Zuhörer wohltuen, wenn ich die Dinge, die ich sagen möchte, wirklich sage?" Ich bin Gott so dankbar für seine Gnade und Vergebung, wo ich in der Vergangenheit in diesem Bereich versagt habe. Ich möchte wirklich nach diesen Anweisungen leben.

Ich betete mehrere Jahre lang über die Schriftstelle aus Epheser 4, in der es um das Betrüben des Heiligen Geistes geht. Ich wollte wirklich verstehen, wie wir den Heiligen Geist betrüben und auch, wie wir so leben können, dass wir ständig mit dem Heiligen Geist erfüllt sind und in einer engen Beziehung mit ihm leben. Als ich um dieses Verständnis betete, predigte ich in einem anderen Land. Ich verbrachte die Nacht im Haus einiger Christen. Als wir nach dem Gottesdienst am Abend zusammensaßen, begannen die Menschen, bei denen ich wohnte, andere Christen zu kritisieren. Die Dinge, die sie sagten, waren wahr, aber sie waren immer noch kritisch, und es war Klatsch und Tratsch. Auch andere Christen, die den Abend mit uns verbrachten, beteiligten sich an diesem Gespräch und stimmten ihrer Kritik zu. Ich erinnere mich, dass ich dort saß und mich sehr unwohl fühlte und mein Geist beunruhigt war.

In dieser Nacht sprach Gott in einem Traum zu mir. Ich wusste, dass der Traum von Gott war. Im Traum sah ich viele Ballons. Diese Ballons trugen Namen. Sie stellten die verschiedenen Christen dar, die an diesem Abend versammelt waren, und ihre Mitchristen kritisierten. All diese Ballons waren mit Luft gefüllt. Dann sah ich, wie Kritik aus diesen Ballons kam. Jedes Mal, wenn kritische Worte aus den Ballons kamen, verließ Luft die Ballons, bis die Ballons völlig luftleer waren und nutzlos auf dem Boden lagen. Das griechische Wort für Geist ist *Pneuma*, was Wind oder Luft bedeutet. Mit jedem Wort der Kritik verließ mehr Luft (Geist) die Ballons (Menschen). Und Gott sprach zu mir in diesem Traum: Der Feind plant strategisch, Christen dazu zu bringen, sich gegenseitig zu kritisieren. Wenn wir dies tun und dem Feind zustimmen, betrüben wir den Heiligen Geist, bis unser Leben im Reich Gottes nutzlos wird. Epheser 4,30 sagt:

> *Und betrübet nicht den heiligen Geist Gottes, mit welchem ihr versiegelt worden seid auf den Tag der Erlösung.*

Derselbe Heilige Geist, der unser Leben zur Erlösung besiegelt hat, hat auch das Leben unserer Brüder und Schwestern besiegelt. Wenn wir anfangen zu tratschen, zu kritisieren und Worte zu sprechen, die den Menschen, die sie hören, nicht wohltuen, betrüben wir den Heiligen Geist, der unser Leben und ihr Leben versiegelt hat.

Epheser 4,29 sagt nicht nur, dass kein schlechtes Wort aus deinem Mund kommen soll, sondern auch, dass du nur das sprechen sollst, *„was gut ist zur notwendigen Erbauung“* Die Bibel überlässt es nicht uns, zu definieren, was schlechte Worte sind. Sie definiert das für uns sehr klar, wenn sie sagt: *„Was gut ist zur notwendigen Erbauung, dass es den Hörern wohltue.“*

Jedes Wort aus unserem Mund, welches das Gegenteil bewirkt, ist, nach Gottes Definition, offensichtlich ein schlechtes Wort. Gott will sein Volk immer erbauen. Deshalb sagt die Bibel, dass die Gabe der Prophetie wichtiger ist als die Gabe der Zungenrede. Warum? Wenn ich in Zungen spreche, erbaue ich mich selbst. Wenn ich prophezeie, erbaue ich meine Brüder und Schwestern in Christus, was bedeutet, dass ich in Liebe mit ihnen umgehe.

Betrachten wir, wie sich der Kontext von Epheser 4,30 – dem Betrüben des Heiligen Geistes – in den folgenden Versen entwickelt:

> *Alle Bitterkeit und Grimm und Zorn und Geschrei und Lästerung sei ferne von euch samt aller Bosheit. Seid aber gegeneinander freundlich, barmherzig, vergebet einander, gleichwie auch Gott in Christus euch vergeben hat. Werdet nun Gottes Nachahmer als geliebte Kinder und wandelt in der Liebe, gleichwie Christus uns geliebt und sich selbst für uns gegeben hat als Gabe und Opfer für Gott, zu einem angenehmen Geruch. (Eph 4,31-5,2)*

Diese Verse stellen das Betrüben des Heiligen Geist in den Zusammenhang damit, schlechte Dinge zu reden, nicht zu vergeben oder nicht in Liebe zu leben.

Uns wird gesagt, dass wir uns gegenseitig lieben sollen, wie Christus uns geliebt hat. Es gibt zwei Dienste vor dem Thron Gottes: Der eine ist der Dienst des Teufels und der andere der Dienst von Jesus Christus. Der Teufel ist der Ankläger der Brüder. Er beschuldigt uns ständig vor Gott. Und er versucht ständig, Christen dazu zu bringen, bei seinem Dienst mitzumachen.

Aber der zweite Dienst ist der Dienst Jesu, der ständig für uns in Fürbitte eintritt. Er ist unser guter Hohepriester, der vor Gott steht und unseretwegen zu ihm fleht.

Stell dir einmal diese Frage: „Was wäre mir lieber, wenn ich versage? Würde ich lieber den Teufel nehmen, der mich in meinem Versagen anklagt, oder Jesus Christus, der für mich eintritt und für mich betet?“ Ich glaube, der Teufel hat den ultimativen Sieg, wenn er die Christen so weit bringt, dass sie sich gegenseitig kritisieren und beschuldigen.

Wenn man die Unterteilung in Verse und Kapitel bei Epheser 4,29-5,2 wegnimmt und es in die heutige Sprache bringt, könnte man folgendes sagen:

„Kritisiere nicht, tratsche nicht, rede nichts Schlechtes. Sprich nur, was die Menschen erbaut und aufbaut, die auf dich hören; sonst betrübst du den Heiligen Geist. Seid nicht wütend aufeinander und verbittert. Vergib jedem genauso, wie Gott dir vergeben hat, der sich dafür entscheidet, sich nicht mehr an deine Sünden zu erinnern. Liebe alle so, wie Gott dich liebt.“

Wenn nun Klatsch und Tratsch und Kritik den Heiligen Geist betrüben, ist auch das Gegenteil der Fall. Wenn wir gut voneinander sprechen, wenn wir uns weigern, Kritik zu hören oder uns gegenseitig zu kritisieren, ziehen wir die Gegenwart des Heiligen Geistes in unserem Leben an. In 1. Petrus 3,10-12 steht:

> *Denn wem das Leben lieb ist und wer gute Tage sehen will, der bewahre seine Zunge vor Bösem und seine Lippen, dass sie nicht trügen; er wende sich vom Bösen und tue Gutes, er suche den Frieden und jage ihm nach! Denn die Augen des Herrn sehen auf die Gerechten,*

und seine Ohren merken auf ihr Flehen; das Angesicht des Herrn aber ist gegen die gerichtet, welche Böses tun.

Zu oft habe ich in meinem eigenen Leben den Heiligen Geist betrübt, indem ich nicht in Liebe gegenüber meinen Brüdern und Schwestern gelebt habe, sondern sie kritisiert oder Kritik zugehört habe. Ich möchte in einer engen Beziehung mit dem Heiligen Geist leben. Ich will ihn nicht betrüben, sondern seine Gegenwart anziehen. Wenn wir lernen würden, jeden Wunsch, jemanden zu kritisieren, in ein Gebet für diese Person zu verwandeln, wäre die Gemeinde in einem viel besseren Zustand. Wenn wir wirklich gute Tage und ein langes Leben sehen wollen, müssen wir aufhören, schlecht über unseren Bruder zu reden. Römer 5,5 stellt auch eine direkte Verbindung zwischen Liebe und dem Heiligen Geist her:

Die Hoffnung aber lässt nicht zuschanden werden; denn die Liebe Gottes ist ausgegossen in unsre Herzen durch den Heiligen Geist, welcher uns gegeben worden ist.

Kapitel 7

Das falsche Gebet

Ich habe viele Christen beten hören und ich selbst habe dieses Gebet in der Vergangenheit gebetet, was ich für ein falsches Gebet halte: „Gott, bitte gib mir deine Liebe für diese und jene Person." Wir haben gerade gesehen, dass Römer 5,5 sagt, dass die Liebe Gottes in unsere Herzen ausgegossen *wurde*. Gott kann uns nicht etwas geben, was er uns bereits gegeben hat. Jeder wiedergeborene Christ hat die Liebe Gottes – diese vollkommene, selbstlose Liebe, die keiner Erwiderung bedarf – und die sogar in der Lage ist, von Herzen ihre Feinde zu lieben. An uns ist es, zu lernen, im Geist zu leben und nicht nach dem Fleisch. Wir müssen lernen, in der Liebe, die wir als Christen bereits haben, zu leben und sie zu aktivieren, anstatt für mehr von dieser Liebe zu beten.

1982, als ich in der Bibelschule in England war, gab es 52 Schüler aus 22 Nationen. Wir lebten alle zusammen an einem kleinen Ort. Da gab es auch eine junge Frau aus Italien. Sie mochte mich überhaupt nicht und machte das sehr deutlich. Wir befanden uns in einem ständigen Konflikt.

Eines Morgens las ich meine Bibel und betete, und ich schrie immer wieder zu Gott, mir doch Liebe für diese junge Dame zu schenken. Ich betete und betete immer weiter, aber nichts änderte sich. Dann, eines Tages, als ich wieder das gleiche Gebet sprach, hörte ich Gott zu meinem Geist sprechen. Er sagte: „Nein, ich werde dir meine Liebe zu diesem Mädchen nicht geben." Ich war verwirrt. Ich dachte: „Wie kann Gott mir befehlen, alle Menschen zu lieben, und wenn ich ihn bitte, mir Liebe für diese Person zu geben, die ich nicht lieben kann, sagt er nein?" Als ich versuchte, Gott zu verstehen, sah ich eine Vision. In der Vision sah ich ein großes Rohr. Auf dem großen Rohr stand mein Name. An der Spitze dieses Rohrs goss Gott seine Liebe hinein. Dann sah ich, dass viele kleine Rohre von diesem einen großen Rohr weggingen, die mein Leben darstellten. Diese Rohre hatten unterschiedliche Namen. Es waren die Namen meiner Freunde, Familienmitglieder und all der Menschen, die ich liebte. Die Liebe Gottes floss frei zu ihnen durch diese Rohre. Dann sah ich ein Rohr mit dem Namen dieser italienischen jungen Frau darauf. Als ich in der Vision genauer hinsah, sah ich, dass dieses Rohr vollständig verstopft war. Die Liebe konnte nicht durch dieses Rohr fließen. Ich sah die Dinge, die dieses Rohr blockierten. Es waren Dinge wie Stolz, Egoismus, Wut, Unversöhnlichkeit und Bitterkeit.

Plötzlich begriff ich, dass ich die Liebe Gottes bereits in meinem Herzen hatte. Diese vollkommene Liebe floss zu den Menschen, zu denen ich sie fließen ließ. Aber wegen meiner eigenen Sündhaftigkeit war der Kanal zu dieser jungen Frau blockiert. Ich kehrte um. Ich bat Gott, mir zu vergeben, und ich traf die Entscheidung, die Liebe zu dieser jungen Dame durch mich fließen zu lassen. Als ich der Liebe erlaubte zu fließen und einübte, in Liebe ihr gegenüber zu leben, wurden wir bald darauf sehr enge Freunde. Du hast Gottes Liebe in deinem eigenen Herzen. Sie ist bereits da. Du musst die Entscheidung treffen, in dieser Liebe zu leben. Kehre von allem um, was diese Liebe daran hindert, zu fließen.

Ich erinnere mich so deutlich an diese Begebenheit, denn ich habe zum einen Buße getan und die Entscheidung getroffen, in der Liebe Gottes gegenüber dieser jungen Frau zu leben – und Handlungen und Entscheidungen getroffen, die diese Liebe zum Ausdruck brachten – sodass wir nicht nur Freunde wurden und in Frieden und Liebe miteinander lebten; es hatten sich auch meine Gefühle verändert. Liebe ist kein Gefühl, sie ist eine Entscheidung. Viele Menschen bitten Gott, ihnen Liebe für einen bestimmten Menschen zu geben und erwarten dann ein Gefühl. Liebe ist kein Gefühl; sie ist eine Entscheidung, die du triffst.

Als Jesus seine Liebe auf die größtmögliche Weise bewies und sein Leben für dich und mich gab, war er in großer Qual. Im Garten von Gethsemane rief er zu Gott: „Vater, wenn es möglich ist, soll dieser Kelch an mir vorbeigehen." Er sah den Schmerz und die Qualen des Kreuzes so deutlich. Seine Gefühle wollten nicht ans Kreuz gehen. Jesus zeigte, dass Liebe kein Gefühl, sondern eine Entscheidung ist, indem er sagte: „Vater, dein Wille, nicht mein Wille, geschehe".

Buße verstehen

Wir müssen ständig von unserem Egosimus und dem Mangel an Liebe umkehren – und dann der Liebe Gottes erlauben, durch unser Leben zu fließen. Oft denken die Leute, dass Buße einfach bedeutet, zu sagen, dass es einem leid tut, aber das ist nicht die biblische Bedeutung von Buße. Buße ist eine Handlung. Es bedeutet, die Art und Weise zu ändern, wie man über etwas denkt, und Handlungen vorzunehmen, die dem folgen. Als Johannes der Täufer zu den Pharisäern und Sadduzäern sprach, sagte er, dass sie Früchte tragen sollten, die der Buße würdig sind (Mt 3,8).

Buße ist eine wichtige Botschaft der Bibel. Die erste Botschaft, die Johannes der Täufer predigte, hatte das Thema Buße; die erste Predigt, die Jesus predigte, handelte von Buße. Als die Gemeinde in der Apostelgeschichte entstand, rief Petrus, in der allerersten Predigt, die er hielt, zur Buße auf. Im letzten Buch der Bibel, dem Buch der Offenbarung, gibt Jesus den sieben Gemeinden einige starke Botschaften. Das Wort *Buße* wird 12mal im Buch der Offenbarung genannt. Wenn wir merken, dass wir nicht in vollkommener Liebe leben, sollten wir, anstatt Gott zu bitten, uns seine Liebe zu geben, einfach umkehren, weil wir nicht in der Liebe gelebt haben, die uns bereits gegeben wurde. Es ist diese Buße, die unsere blockierten Kanäle öffnet, damit die Liebe wieder frei fließen kann.

Kapitel 8

Was ist Liebe?

Würde ich auf die Straße gehen und hundert zufällig ausgewählte Menschen fragen, was ihrer Meinung nach Liebe ist, dann würde ich höchstwahrscheinlich viele verschiedene Antworten bekommen. Unser Verständnis von Liebe wurde von vielen verschiedenen Dingen beeinflusst, wie unserer Erziehung, unseren Freundschaften, Hollywood, unserer Kultur, dem Land, in dem wir aufgewachsen sind, etc. Damit wir verstehen, was Liebe wirklich ist, müssen wir in der Bibel nachschlagen, und nirgendwo sonst. Wenn die Bibel uns befiehlt, in Liebe zu leben, verwendet sie, wie bereits erwähnt, das griechische Wort *agape*. Später in diesem Buch werde ich die Bedeutung verschiedener Wörter für Liebe im Neuen Testament erklären.

Zuallererst bedeutet Liebe, freiwillig Schmerzen zu erleiden. Ich kann schon jetzt Leute rufen hören: „Pastor, sag mir nicht, dass es mein Wunsch sein muss, zu leiden! Niemand leidet gerne unter Schmerzen. Warum sollten wir uns dafür entscheiden, zu leiden? Wenn Liebe bedeutet, sich dafür zu entscheiden, freiwillig Schmerzen zu erdulden, und mir befohlen wird, in Liebe zu leben, dann bedeutet das ja, mich festzulegen, freiwillig Schmerzen auf mich zu nehmen.“ Die Antwort auf diese Frage ist eindeutig: „Ja “. Das steht im direkten Gegensatz zu unserer egoistischen Natur.

In Johannes 3,16 steht:

> *Denn Gott hat die Welt so geliebt, dass er seinen eingeborenen Sohn gab, damit jeder, der an ihn glaubt, nicht verloren gehe, sondern ewiges Leben habe.*

Damit Gott seine Liebe ausdrücken konnte, musste er freiwillig Schmerzen erleiden. Liebe, die nur in Worten besteht, ist keine wahre Liebe. Wahre Liebe muss sich in Handlungen äußern, die oft dazu führen, dass wir zum Wohle anderer leiden. Hätte Gott seine Liebe zu uns nur in Worten und nicht durch sein Leiden ausgedrückt, wären wir immer noch in unseren Sünden verloren. Stell dir vor, Gott sagt ständig: „Ich liebe dich. Ich möchte, dass du mit mir im Himmel bist. Ich möchte, dass du die Ewigkeit mit mir verbringst, aber ich bin nicht bereit, dafür zu leiden. Du findest schon einen Weg, um in den Himmel zu kommen." Wir wären für immer verloren. Gott drückte seine Liebe aus, indem er freiwillig Schmerzen erlitt. Wenn wir wirklich in Liebe leben wollen, müssen wir auch das Kreuz anderer zu ihrem Wohl tragen. Oft müssen wir Leiden annehmen, um anderen die Liebe Gottes zu zeigen.

Während ich an diesem Kapitel arbeitete, erzählte mir eine Freundin von einer Erfahrung, die sie zu Beginn ihrer Ehe machte. In einer Zeit der Intimität sagte sie immer wieder zu sich selbst: „Oh, ich liebe meinen Mann so sehr." Plötzlich hörte sie die Stimme Gottes zu sich sagen: „Das ist keine Liebe, das ist Lust. Die Zeit wird kommen, in der du ihm deine Liebe beweisen musst." In den Zeiten, in denen er sie wütend machte oder sie sich ihm nicht unterordnen wollte, musste sie ihm ihre Liebe beweisen – nicht in den Zeiten, in denen sie etwas Gutes fühlte. Sie musste sich entscheiden, ihr eigenes Vergnügen aufzugeben und für denjenigen zu leiden, den sie zu lieben behauptete. Sie sagte sogar zu uns: „Liebe ist kein Gefühl, es ist eine Entscheidung, die wir treffen müssen."

Was heißt das für uns ganz praktisch im Alltag? Es bedeutet, dass wir in Momenten von Schwierigkeiten und Krisen in unseren Beziehungen nicht versuchen werden, den einfachen Ausweg zu finden, sondern bei der Person bleiben, die wir lieben. Die göttliche Liebe wird *nie* vor ein Scheidungsgericht gehen.

Leute haben mich oft auf meine Sichtweise von Scheidung angesprochen. Sie denken, dass ich nicht verstehe, was sie durchmachen, weil ich ein wunderbares Leben und eine glückliche Ehe habe. Aber die Bibel ist immer noch der Maßstab, an dem wir uns orientieren, und die göttliche Liebe ist bereit, freiwillig zu leiden. Der Grund, warum meine Frau und ich nach 28 Jahren Ehe sehr glücklich und erfüllt sind, liegt darin, dass wir uns entschieden haben immer zusammen zu bleiben, ganz egal, was mit uns passiert. Zu Beginn unserer Ehe erlebten wir einige sehr schwierige Zeiten, aber in diesen Zeiten hielten wir an unserer Entscheidung fest, dass die Liebe freiwillig Schmerzen um des anderen willen erleidet. Wir hätten leicht das tun können, was viele unserer (auch christlichen) Freunde getan haben: Anstatt freiwillig zu leiden, haben sie ihre Beziehung aufgegeben und den einfachen Ausweg gewählt. Gott hat unseren Entschluss geehrt, dass wir uns entschieden haben, einander zu lieben. Wir können nicht sagen, dass wir jemanden lieben, ohne es durch unser Handeln zu beweisen. Worte haben keine Macht, wenn Taten sie nicht beweisen. Es ist Fakt: Wenn wir sagen, dass wir andere lieben, ohne dass es unsere Taten zeigen und beweisen, indcm wir bereit sind, auch für sie zu leiden, dann sind wir Heuchler.

Ich habe kürzlich ein Buch mit dem Titel „*Communists in the Mirror*" *(Die Kommunisten im Spiegel)* veröffentlicht. In diesem Buch erzähle ich meine Geschichte von einer Erfahrung, die ich mit den Kommunisten gemacht habe. Hier ist ein Auszug aus diesem Buch:

Peter (nicht sein richtiger Name), ein Freund von mir außerhalb Österreichs (wo ich geboren und aufgewachsen bin und damals lebte), hörte eine sehr klare Anweisung von Gott. Peter war ein Undercover-Missionar, der in osteuropäische Länder ging, von denen die meisten damals unter kommunistischer Herrschaft standen. Er war mehrmals in Rumänien gewesen. Eines Tages sagte Gott sehr deutlich zu Peter, dass Ceausescu versuchte, die Christen in Rumänien verhungern zu lassen. Nur wenige Menschen außerhalb Rumäniens wussten zu diesem Zeitpunkt davon. Gott gab Peter auch sehr klare Anweisungen, wie er den verfolgten Christen helfen könnte und wem genau er zur Seite stehen sollte.

Ein paar Tage später rief mich Peter an und sagte mir alles, was Gott ihm aufgetragen hatte, und dann fragte er mich, ob ich bereit sei, mit ihm nach Rumänien zu gehen. Er erklärte mir, dass sie uns inhaftieren und foltern und wir vielleicht nie wieder unsere Familien sehen würden, falls man uns erwischt. Ich war damals verlobt, um in diesem Zeitraum zu heiraten, und der Hochzeitstermin war schon auf einen Termin kurz nach dieser Reise festgelegt. Ich sagte ihm, ich würde darüber beten und mich bei ihm melden.

Ich ging zu einer einfachen Berghütte etwa 70 Meilen von meinem Haus entfernt, die sich im Besitz einiger lieber Freunde von mir befand, die es mir erlaubten, sie zu benutzen, wann immer ich es brauchte. Die Hütte hatte weder Strom noch Wasser und nicht einmal ein Badezimmer (es gab allerdings ein Nebengebäude). Ich ging dorthin, um ganz für mich allein zu beten und Gott zu suchen, damit ich Klarheit bekomme, ob ich mitgehen soll oder nicht. Ich war zu diesem Zeitpunkt seit etwa siebzehn Jahren Christ. Ich war sehr damit beschäftigt, Gott in Österreich zu dienen und fühlte mich, geistlich gesehen, dort, wo ich war, wohl. Ich wollte nicht wirklich in ein kommunistisches Land gehen und Gefahr laufen, inhaftiert zu werden oder noch schlimmeres. Ich war erst vierundzwanzig Jahre alt, und es gab noch viele Dinge, die ich für Gott tun wollte. Ich liebte IHN sehr.

Als ich in der Hütte war, fastete und um Klarheit betete, sagte ich Gott immer wieder genau das. Ich sagte immer wieder: „Oh Gott, ich liebe dich so sehr." Ich erinnere mich, dass ich es immer und immer wieder aussprach. Plötzlich unterbrach Gott meine Gedanken und sagte zu mir: „Hör auf, mich anzulügen." Zuerst war ich fassungslos von seiner Bemerkung. Dann sagte ich: „Aber ich liebe dich wirklich." Worauf er antwortete: „Schau dir 1. Johannes 4,20 an." Also öffnete ich meine Bibel und las,

Wenn jemand sagt: Ich liebe Gott, und seinen Bruder doch hasst, so ist er ein Lügner; denn wer seinen Bruder nicht liebt, den er sieht, der kann Gott nicht lieben, den er nicht sieht!

Weiter sagte er: „Du bist nicht bereit, für deine Brüder in Rumänien zu sterben; deshalb liebst du sie nicht wirklich, also lügst du, wenn du sagst, dass du mich liebst." Er fuhr fort: „Jetzt wende dich 1. Johannes 3,16 zu." Also tat ich es und las:

Daran haben wir die Liebe erkannt, dass er sein Leben für uns eingesetzt hat; auch wir sind schuldig, für die Brüder das Leben einzusetzen.

Nachdem ich das gelesen hatte, wurde ich überführt und sagte: „Ok, Herr. Ich werde gehen."

Ich ging wieder heim nach Graz, wo ich damals bei meiner Schwester lebte, rief Peter an und sagte ihm, dass ich bereit sei, mit ihm nach Rumänien zu gehen, egal was passiert.

Was ist sonst noch Liebe?

Erste Korinther 13 ist als das große Kapitel der Liebe bekannt. In diesem Kapitel wird die Liebe mit 15 verschiedenen Attributen beschrieben. Je nachdem, welche Übersetzung der Bibel du verwendest, klingen sie vielleicht etwas anders, aber im Wesentlichen sagen sie alle dasselbe. In diesem Kapitel sagt uns Paulus, dass das Größte die Liebe ist und die Liebe nie versagt. Aber er lässt uns nicht im Unklaren darüber, wie Liebe tatsächlich aussieht. In den Versen 4 bis 7 beschreibt er deutlich, wie Liebe handelt und sich verhält. Mehrmals täglich halte ich inne, bete und meditiere ruhig über diese 15 Merkmale. Ich habe sie vor langer Zeit auswendig gelernt, weil ich glaube, dass das Wort Gottes die Kraft hat, unser Leben zu verändern. Aber das Wort Gottes ist wie Nahrung: Du kannst die beste und gesündeste Nahrung essen, die es gibt, aber wenn dein Verdauungssystem nicht funktioniert, kannst du tatsächlich an Hunger sterben, obwohl du die besten Lebensmittel zu dir nimmst. Durch die Verdauung der Nahrung werden alle Nährstoffe an den Körper abgegeben, und der Körper erhält seine Kraft. Bei der geistlichen Nahrung ist das nicht anders. Wir müssen das Wort Gottes verdauen, damit es unser Leben verändern kann.

Wie machen wir das? Wir tun dies, indem wir die Bibel nicht nur lesen, sondern auch, indem wir über sie meditieren, das bedeutet, sie langsam und kontinuierlich in unserem Geist „kauen“. Das ist es, was ich mit den 15 Attributen der Liebe mehrmals täglich mache.

Betrachten wir diese 15 Merkmale einzeln. Das erste ist: *„Liebe ist geduldig.“* Verschiedene Übersetzungen drücken dieses Wort unterschiedlich aus. Aber wenn man sich das eigentliche griechische Wort ansieht, das hier verwendet wurde *(makrothumeo)*, wird man sehen, dass es von einem Grundwort kommt, welches bedeutet, geduldig und mutig durchzuhalten, Unglücke und Schwierigkeiten zu ertragen und die Angriffe und Verletzungen von anderen geduldig auszuhalten. Es könnte nicht klarer sein: Das erste, was Liebe tut, ist, die Schwierigkeiten anderer zu tragen und mit ihrem Fehlverhalten und Missgeschicken Geduld zu haben. Jesus drückte es so aus: *„Wenn dein Bruder siebenundsiebzig Mal am Tag zu dir kommt und dich immer wieder verletzt, sollst du es geduldig ertragen und ihm immer wieder vergeben“* (nach Mt 18,21-22). Mir wurde von vielen Christen gesagt, dass sie nicht die Fußmatte anderer Menschen sein wollen. Sie wollen nicht, dass andere Menschen sie ausnutzen – und aus natürlicher Sicht verstehe ich sie. Aber das ist nicht das, was die Bibel uns lehrt. Die Bibel sagt, dass wir unseren eigenen egoistischen Wünschen sterben müssen, jeden Tag unser Kreuz auf uns nehmen und geduldig die Ungerechtigkeit anderer Menschen ertragen müssen. Dies ist die erste Beschreibung der Liebe in 1. Korinther 13.

Wenn ich an mein eigenes Leben denke und wie oft ich Gott verletzt habe – und wie geduldig er all meine Verletzungen gegen sich ausgehalten und mir gnädig vergeben hat – frage ich mich: Wie kann ich andere anders behandeln? Diese Liebe, die mir von Gott, der meine Ungerechtigkeit geduldig ertragen hat, gegeben wurde, muss von mir an andere Menschen weitergegeben werden. Ich habe beschlossen, dass ich mich von niemandem verletzen lasse, sondern geduldig ertragen werde, was die Menschen mit mir machen. Dieses Merkmal ist auch eine Auswirkung der Frucht des Geistes.

Das nächste Merkmal der Liebe ist, dass *sie gütig ist.* Im Umgang mit anderen Menschen stelle ich mir immer wieder diese Frage: „Wie kann ich gütig zu ihnen sein?" Die Bibel sagt nicht, dass die Liebe gütig zu denen ist, die es verdienen; sie sagt einfach: *„Liebe ist gütig"*. Selbst Nichtchristen sind freundlich zu denen, die freundlich zu ihnen sind. Wir müssen lernen, in der göttlichen Liebe zu leben und freundlich zu jedem zu sein, mit dem wir umgehen.

Ich mag es, Leute zum Lächeln zu bringen. Ich glaube, man wird immer ein Lächeln erhalten, wenn man ein Lächeln schenkt. Warum? Weil die Menschen immer auf Freundlichkeit reagieren. Da die Liebe gütig ist und die Liebe nie versagt, wird die Güte daher nie versagen. Jeden Tag, wenn ich Menschen sehe, die unglücklich oder traurig aussehen, versuche ich, auf sie zuzugehen, zu lächeln und etwas Freundliches zu sagen. Selbst mürrische Menschen reagieren positiv und lächeln mich an. Die Bibel befiehlt uns, freundlich und weichherzig zueinander zu sein (Eph. 4,32).

Als nächstes: *„Liebe beneidet nicht."* Schaust du dir manchmal andere Leute an und wünschst dir, das zu haben, was sie haben? Hast du den großen Wunsch, die Beziehungen zu haben, die einige andere Geschwister zu scheinbar prominenten Menschen haben? Neid beschränkt sich nicht nur auf materielle Güter. Du kannst Beziehungen, Jobs, Dienste usw. beneiden. Wir sollten nie neidisch auf das sein, was andere Menschen haben oder tun; wir sollten uns freuen, dass sie gesegnet sind. Das ist wahre Liebe. Ich habe es mir zur Gewohnheit gemacht, wenn ich mich versucht fühle, neidisch auf das zu sein, was andere Menschen haben, für sie zu beten. Ich bete, dass Gott sie noch mehr segnet und wachsen lässt. Früher beneidete ich Menschen, die größere geistliche Gaben und Talente hatten als ich. Ich habe erkannt, dass dies Sünde ist, weil man so nicht in Liebe lebt, und ich musste Buße tun. Heute kann ich mich freuen, wenn andere mehr haben als ich oder mehr gesegnet sind als ich. Wir müssen unsere Herzen vor Neid schützen. Warum? Denn die Liebe beneidet nicht, und die Liebe ist das Wichtigste im Leben. Erste Korinther 13 ist ein so wunderbares Kapitel, weil es uns nicht nur die Bedeutung von Liebe zeigt und uns erahnen lässt, was Liebe wirklich ist, sondern auch genau beschreibt, wie man liebt. Deshalb haben wir keine Ausrede mehr, nicht in Liebe zu leben. Wenn wir das nicht verstehen, können wir zwar denken, dass wir lieben, aber in Wirklichkeit lieben wir nicht. Es ist sehr einfach, unser eigenes Leben zu testen und zu sehen, ob wir wirklich lieben oder nicht. Schau einfach nach, ob du neidisch auf andere bist. Wenn ja, dann wandelst du nicht in Liebe.

Das vierte Merkmal ist *„Die Liebe prahlt nicht."* Was bedeutet prahlen? Nach dem Griechischen (perpereuomai) heißt das einfach, sich selbst zu erheben, sich zu präsentieren oder sich besser aussehen zu lassen als alle anderen. Wenn wir uns ständig auf einen Sockel stellen müssen, bedeutet das, dass wir nicht in Liebe leben. Es ist mir immer unangenehm, wenn Leute versuchen, mich auf ein Podest zu stellen. Das Fleisch liebt das, weil es unsere fleischliche Natur nährt, aber es ist nicht das Leben in Liebe. Das ist ein Grund, warum ich nie einen „Reinhard-Hirtler-Dienst" gegründet habe, was in den USA, wo ich zehn Jahre lang lebte, sehr verbreitet ist. Viele Leute dort sagten mir, ich solle so einen Dienst anfangen. Wenn wir in Liebe wandeln und Gott vertrauen, wird Er uns erheben und fördern; wir müssen uns nicht selbst fördern.

Das fünfte Attribut ist *„Liebe ist nicht aufgeblasen"*. Die ursprüngliche Bedeutung heißt: aufgebläht und aufgeblasen werden. Es ist ein

Ausdruck von Stolz und Arroganz. Die Liebe ist nie stolz, sondern besteht in Demut. Die Bibel warnt vor Stolz und verwendet eine sehr starke Sprache. Sie sagt, dass Gott sich den Stolzen widersetzt (Jakobus 4,6). Jesus ist unser größtes Beispiel für Demut. Er hat sich freiwillig zum Diener der Menschen gemacht. Er gab freiwillig seine hohe Position im Himmel auf und erniedrigte sich selbst, um ein Mensch zu werden wie wir. Demut ist ein Ausdruck wahrer Liebe. Sie wird nie scheitern. Eines der trügerischsten Dinge ist Stolz. Stolz ist wie schlechter Atem; jeder weiß, dass du ihn hast, außer du selbst. Deshalb müssen wir ständig über diese Merkmale der Liebe aus 1. Korinther 13 meditieren, damit das Wort Gottes unser Verhalten ändern kann.

Das nächste Kennzeichen der Liebe ist: *„Liebe ist nicht unanständig."* Dieses griechische Wort *(aschemoneo)* wird im gesamten Neuen Testament nur zweimal verwendet, von denen eines hier steht. Es bedeutet, sich nicht unangemessen zu verhalten, sondern mit dem nötigen Respekt zu handeln. Wir sollten uns diese Frage in jeder Situation unseres täglichen Lebens stellen: „Handeln wir respektvoll gegenüber jedem, dem wir begegnen? Ehren wir unseren Chef und die Menschen, mit denen wir zusammenarbeiten? Handeln wir so, dass die Menschen erbaut werden? Lieben es die Menschen, in unserer Nähe zu sein, oder versuchen andere, uns zu meiden, weil wir uns unangemessen verhalten?"

Das siebte Merkmal lautet: *„Die Liebe sucht nicht das Ihre."* Egoismus ist ein Zeichen für einen Mangel an Liebe. Die Bibel warnt uns, dass die Menschen in den letzten Tagen egoistisch sein werden. Wenn wir uns nur jeden Tag daran erinnern würden, dass die Liebe nicht das Ihre sucht, sondern das Wohl der anderen, wären unsere Beziehungen so viel sinnvoller. Im Zusammensein mit anderen ging es mir schon öfter so, dass ich müde war und ihnen nicht mehr zuhören wollte. Dann sagte ich mir einfach, dass die Liebe nicht das Ihre sucht. Ich glaube, dass die Gemeinde Gottes wieder das Salz und das

Licht sein würde, zu dem sie berufen ist, wenn jeder Christ selbstlos leben sowie Gott und anderen auf diese Weise dienen würde.

Nummer acht: *„Liebe lässt sich nicht reizen"*. Wenn wir wirklich in göttlicher Liebe wandeln, kann uns nichts und niemand provozieren. Ich glaube, das ist der Schlüssel zum Sieg in jeder Beziehung. Gewalt erzeugt Gewalt; Hass erzeugt Hass; aber nur die Liebe überwindet diese Dinge. Wir müssen auf jeden Fall lernen, in den Beziehungen unseres Lebens mit der göttlichen Liebe zu leben. Dies würde alle Konflikte in unseren Beziehungen lösen. Stell dir für einen Moment vor, dass nichts und niemand dich reizen könnte – du würdest in wahrer Liebe wandeln. Wenn wir provoziert werden, bedeutet das, dass das Verhalten und die Handlungen anderer Menschen bestimmen, wie wir reagieren. Das bedeutet, dass wir zu einem Echo und nicht mehr zu einer Stimme der Welt werden. Liebe ist eine Stimme, kein Echo.

Merkmal Nummer neun ist *„Liebe denkt nichts Schlechtes" (nach KJV-Übersetzung)*. Die Liebe wird nie über andere Menschen urteilen. Sie weigert sich, etwas Schlechtes über andere zu denken. Zu oft habe ich in diesem Bereich gegen das Gebot der Liebe verstoßen. Aber jetzt habe ich es mir zur Gewohnheit gemacht, jedes Mal, wenn ich versucht bin, etwas Urteilendes oder Schlechtes über jemanden zu denken, diesen Gedanken in ein Gebet für diese Person zu verwandeln, weil die Liebe nichts Schlechtes denkt. Selbst wenn ich Dinge im Leben von Menschen sehe, die sehr falsch zu sein scheinen, werde ich keine schlechten Gedanken über diese Menschen in meinem Kopf zulassen. Ich sage mir immer wieder, die Liebe denkt nichts Schlechtes. Deshalb werde ich keine schlechten Gedanken über andere Menschen denken.

Ich habe einmal diese Geschichte gehört: Es gab eine Gruppe von Frauen, die sich regelmäßig zum Gebet versammelte. Jedes Mal, wenn sie sich zum Gebet trafen, begannen sie zu tratschen. Sie sprachen immer negativ über viele andere Menschen. Aber es gab eine Frau in dieser Gruppe, die wirklich in Liebe lebte. Jedes Mal, wenn die anderen Frauen anfingen, schlechte Dinge über andere zu sagen, sagte diese Frau etwas Gutes über dieselbe Person, weil sie sich weigerte, über irgendjemanden schlecht zu denken. Eine der schwätzenden Damen entschied, dass sie bei ihrem nächsten Treffen den Teufel kritisieren würden, um zu sehen, wie diese Dame, die immer das Gute über andere sprach, reagieren würde. Als sie anfingen, über den Teufel zu sprechen und sie fragten, was sie von ihm hielt, antwortete sie: „Er arbeitet wirklich hart."

Die nächsten beiden Merkmale sind verbunden: *„Die Liebe freut sich nicht über die Ungerechtigkeit, sondern über die Wahrheit "*. Das bedeutet, dass die Liebe sich nicht freuen wird, wenn andere etwas Negatives oder eine Strafe erhalten, die sie unserer Meinung nach verdienen. Die Liebe tut so etwas nicht. Liebe ist barmherzig. Wenn wir in Liebe leben, wird es uns wehtun, wenn wir sehen, wie andere Menschen unter den Folgen ihrer Entscheidungen leiden. Die Liebe wird sich in diesen Zeiten nicht freuen, sondern den Schmerz der Beteiligten spüren. Sie freut sich mit der Wahrheit. Verschiedene Kommentatoren haben unterschiedliche Auffassungen von diesem Satz. Ich glaube, dass diese beiden Sätze miteinander verbunden sind. Wahre Liebe wird sich nicht über das Leiden und die Folgen anderer Menschen freuen, sondern über ihr Wohlergehen.

Merkmal Nummer zwölf ist *„Liebe erträgt alles "*. Die eigentliche Bedeutung dieser Aussage ist, zu verbergen oder geheim zu halten. Wahre Liebe wird nie etwas zur Schau stellen, sondern unsere Brüder unter allen Umständen bedecken und schützen. Es ist sehr leicht, diese Aussage zu verstehen. Wende einfach die Goldene Regel an:

> *Und wie ihr wollt, dass euch die Leute tun sollen, tut auch ihr ihnen gleicherweise. (Lukas 6,31)*

(Nicht, wie einige Leute den Vers zitieren: „Tue anderen das, was sie dir angetan haben"). Stellen Sie sich vor, Sie versagen oder werden in eine Sünde verwickelt. Möchten Sie zur Schau gestellt werden oder Schutz und Vergebung bekommen? Liebe wird alles ertragen.

Als nächstes: „*Die Liebe glaubt alle Dinge.*“ Das bedeutet nicht, wenn wir in der Liebe wandeln, alles Ungeheuerliche zu glauben, was uns die Menschen erzählen. Es bedeutet vielmehr, dass wir nicht davon ausgehen, dass Menschen schlechte Motive haben, wenn sie uns etwas zufügen, das uns irgendwie als Verletzung treffen könnte, sondern dass sie von guten Motiven motiviert sind. Mit anderen Worten, die Liebe wird das Motiv hinter den Handlungen anderer Menschen nicht beurteilen. Sie ist immer bereit, das Beste von jedem Menschen zu glauben.

Nummer vierzehn ist „*Die Liebe hofft alles.*“ Die Liebe wird nie einen Menschen aufgeben. Wir werden immer auf das beste Ergebnis im Leben eines Menschen hoffen. Wenn es nichts mehr gibt, um an irgendetwas Gutes im Leben eines Menschen zu glauben, dann kommt die Liebe mit ihrer Hoffnung ins Spiel. Wir müssen verstehen, dass jeder Sünder eine Zukunft hat und jeder Heilige eine Vergangenheit. So wie die Vergangenheit eines jeden Heiligen durch das Blut Jesu Christi beseitigt wurde, so kann auch die Vergangenheit eines jeden Sünders durch dasselbe Blut entfernt werden, was ihm auch eine Zukunft gibt. Es ist die Liebe, die sich weigert, aufzugeben. Es ist die Liebe, die ständig eine neue Chance gibt. Es ist die Liebe, die sich weigert zu glauben, dass es keine Hoffnung mehr für einen bestimmten Menschen gibt.

Schließlich: „*Die Liebe erduldet alles.*“ Das ist ein sehr kraftvolles Wort. Es bedeutet, geduldig zu leiden; mutig und ruhig das Unglück zu ertragen. Wenn wir wirklich in Liebe leben, können uns Menschen nichts antun, was wir nicht bewältigen können. Christus war unser bestes Beispiel dafür. Er trug das grausamste Leid mit Mut und Kraft, die von der Liebe motiviert war. Er duldete es nicht nur, sondern er ertrug es tapfer und vergab denen, die ihn gefoltert hatten. Die Bedeutung davon, dass Liebe alles erduldet, ist nicht nur Leiden zu tolerieren, sondern es mutig und tapfer zu ertragen, so wie Christus. So gingen die Märtyrer in der frühen Kirche zum Sieg. Sie duldeten nicht nur ihr Leiden, sie ertrugen es tapfer und liebten ihre Feinde. Wenn wir all diese 15 Merkmale in 1. Korinther 13 betrachten, sehen wir, dass sie eines gemeinsam haben: Sie alle zeigen, dass Liebe freiwillig Schmerzen erleidet.

Kapitel 9

Lieben heisst handeln

In 1. Johannes 3,18 steht,

> *Kindlein, lasset uns nicht mit Worten lieben, noch mit der Zunge, sondern in der Tat und Wahrheit!*

Die Bibel macht hier eine sehr klare Aussage: Liebe ohne Taten ist nicht gut genug. Es ist sehr einfach zu sagen: „Ich liebe dich." Das kostet uns nicht viel.

Ich erinnere mich, dass wir zu Beginn unserer Ehe eine sehr schwierige Zeit in unserer Beziehung durchgemacht haben. Eines Tages sagte ich meiner Frau, dass ich sie liebe. Ihre Antwort war: „Hör auf, mir zu sagen, dass du mich liebst, wenn du es mir nicht zeigst." Ich habe diese Worte nie vergessen. Was sie zu mir sagte, war sehr biblisch, denn Johannes sagt, dass man nicht nur in Worten, sondern auch in Taten lieben soll. Ich musste das hören. Es war ein guter Weckruf für mich. Meine Liebe konzentrierte sich hauptsächlich auf Worte und nicht auf Taten. Seitdem ist es mein Bestreben, ihr meine Liebe in Taten zu zeigen, und nicht nur in leeren Worten. Diese Art von Liebe wird wirklich nie fehlschlagen: Liebe in Aktion.

> *Endlich aber seid alle gleichgesinnt, mitleidig, brüderlich, barmherzig, demütig! Vergeltet nicht Böses mit Bösem oder Scheltwort mit Scheltwort, sondern im Gegenteil segnet, weil ihr dazu berufen seid, dass ihr Segen ererbet. (1. Petrus 3,8-9)*

Wir sind dazu berufen, einen Segen von Gott zu erben. Damit wir diesen Segen erben können, müssen wir das uns angetane Böse mit Liebe vergelten. Heißt das, dass wir uns den Segen Gottes verdienen müssen? Jesus hat für jeden Segen, der uns gehört, bezahlt, und wir empfangen ihn durch den Glauben. Allerdings ist das geistliche Gesetz von Saat und Ernte Realität. Wenn wir Böses säen, werden wir Böses ernten. Wenn wir Mitgefühl säen, werden wir Mitgefühl ernten.

Wie segnen wir Menschen? Nicht nur mit unseren Worten, sondern auch mit dem, was wir für sie tun. Wenn uns jemand verletzt oder gemein zu uns ist und wir sagen: „Gott segne dich“, dann ist das nichts anderes, als religiös zu sein. Wenn wir sie wirklich segnen wollen, müssen wir es mit Handlungen der Freundlichkeit zeigen.

> *Wenn aber jemand dieser Welt Güter hat und sieht seinen Bruder darben und schließt sein Herz vor ihm zu, wie bleibt die Liebe Gottes bei ihm? (1. Johannes 3,17)*

Wieder einmal zeigt uns die Bibel deutlich, dass Liebe nicht nur aus bloßen Worten, sondern auch aus Taten besteht. Wenn dein Bruder Bedürfnisse hat und du viele materielle Güter hast, aber du nur zu ihm sagst: „Gott segne dich, ich liebe dich“, dann ist das keine wahre Liebe. Die Bibel sagt, dass die Liebe Gottes nicht ins uns bleibt, wenn wir unsere Herzen gegenüber den Geschwistern, die in materieller Not sind, verschließen. Warum? Weil Liebe aus Taten besteht und nicht nur aus Worten. Wie wir vorhin gesehen haben, hat Gott uns nicht nur gesagt, dass er uns liebt, sondern er hat es durch Taten gezeigt, also müssen wir dasselbe tun. Liebe ist kein Gefühl; es ist eine Entscheidung, wirklich das zu tun, was die Bibel uns sagt.

Die große Warnung

Habt nicht lieb die Welt noch was in der Welt ist! Wenn jemand die Welt lieb hat, so ist die Liebe zum Vater nicht in ihm. (1. Johannes 2,15)

Das ist eine ernüchternde Schriftstelle. Ich möchte hier nicht zu sehr ins Detail gehen. Wir brauchen dringend die Liebe des Vaters, die in uns bleibt, weil wir aus uns selbst nicht die göttliche Liebe in uns haben. Gott warnt uns hier, dass wir die Liebe des Vaters nicht in uns haben, wenn wir die Welt oder *die Dinge dieser Welt* lieben. Die Bibel lehrt, und das müssen wir verstehen, dass Gott uns alle Dinge zu unserem Genuss gibt. Die eigentliche Frage ist nicht, was wir besitzen, sondern was uns besitzt. Keine materiellen Dinge dürfen unsere Herzen erobern. Ich spreche mehr über dieses Thema in meinem anderen Buch über Geld.

Die Bibel warnt uns hier nicht davor, Dinge aus dieser Welt zu haben, sondern davor, Dinge aus dieser Welt *zu lieben*. Es gibt einen großen Unterschied, ob man die Segnungen Gottes genießt und sie benutzt oder diese Dinge liebt, so dass unsere Herzen dadurch in Beschlag genommen werden. Es ist sehr einfach, sich selbst zu testen, um zu sehen, ob man die Dinge dieser Welt genießt oder liebt. Deine Reaktion darauf, wenn du sie nicht hast oder wenn sie dir genommen werden, wird zeigen, ob du sie *genießt* oder *liebst*. Wenn deine Reaktion auf den Verlust materieller Dinge Wut, Aggression, Aufregung oder Schlafverlust ist, musst du dir die Frage stellen: Warum reagiere ich so? Liegt es daran, dass sich das Genießen dieser Dinge in eine Liebe dazu entwickelt hat?

Ich predigte mehrere Tage lang in einer Gemeinde in Brasilien. Eines Morgens rief mich mein Übersetzer in dem Hotel an, in dem meine Frau und ich wohnten. Er fragte, ob er mit einer Freundin kommen könne, die ihren Rücken verletzt hatte, damit ich für sie bete. Wir warteten auf ihn, aber er kam nicht und rief mich auch nicht an, um mir zu sagen, warum er nicht kam. An diesem Abend ging ich zum Gottesdienst und predigte darüber, wie wichtig es ist, dass unser Herz frei von der Liebe zu den Dingen dieser Welt ist. Ich erzählte das folgende Beispiel: Woher weißt du, ob dein Auto in deinem Herzen ist oder nur in deiner Garage steht? Wenn jemand dein Auto leiht und einen Unfall damit hat, bei dem es beschädigt wird, dann wird deine Reaktion zeigen, ob das Auto in deinem Herzen oder nur in deiner Garage war. Wenn du im Zorn reagierst, hast du bewiesen, dass du die Dinge dieser Welt liebst anstatt sie nur zu benutzen und zu genießen. Wenn deine Antwort lautet: „Oh, naja, es ist nur ein Auto. Gott ist der Versorger in allen Dingen “, hast du bewiesen, dass das Auto nur in deiner Garage ist und nicht in deinem Herzen.

Nach dem Gottesdienst wurde mir die folgende Geschichte erzählt: Mein Übersetzer, der damals kein Auto hatte, bat einen Mann aus der Gemeinde, ihn und seine Freundin mit dem verletzten Rücken ins Hotel zu fahren, damit ich für sie beten würde. Auf dem Weg zum Hotel wurden sie in einen Unfall verwickelt. Der Besitzer des Autos war so wütend, weil ein Motorrad eine Delle in sein Auto gefahren hatte, dass er sich weigerte, weiter zum Hotel zu fahren, damit für das Mädchen gebetet wird. Stattdessen setzte er sie an einem öffentlichen Krankenhaus ab. Ich hatte an diesem Tag keine Ahnung von diesen Umständen; inspiriert vom Heiligen Geist hatte ich das Beispiel über das Auto in meiner Predigt an diesem Abend verwendet. Dieser Mann war in seinem Herzen so überführt, dass er eine radikale Entscheidung traf; er nahm sofort die Schlüssel von seinem Auto und gab sie einem anderen Mitglied der Gemeinde, das dringend ein Auto brauchte.

Etwas Mächtiges geschah danach. Der Mann, der das Auto verschenkt hat, war ein semiprofessioneller Volleyballspieler, der sich sechs Monate vor diesem Vorfall das Knie verletzt hatte. Die Ärzte konnten ihm nicht helfen, er hatte ständige Schmerzen und konnte nicht mehr Volleyball spielen. Nach seiner radikalen Entscheidung heilte Gott übernatürlich sein Knie. Er rannte und sprang, um das

Wunder Gottes zu demonstrieren. Was war passiert? Weil er die Dinge dieser Welt liebte, war die Liebe des Vaters nicht in ihm, wie es 1. Johannes 2,15 sagt. Sofort nachdem er Buße getan hatte – durch seine Taten – heilte die Liebe des Vaters sein Knie.

Kapitel 10

Wenn der Glaube nicht funktioniert

Jeder will wissen, wie wir in der Kraft Gottes leben können. Es ist wichtig für uns, in der Kraft Gottes zu leben, denn die Bibel sagt, dass das Reich Gottes nicht in Worten, sondern in der Kraft besteht (1 Kor 4,20). Jesus lehrte uns zu beten:

> *Unser Vater im Himmel, dein Reich komme. (siehe Matthäus 6,10)*

Es ist offensichtlich Gottes Wunsch, dass sich seine Macht auf Erden durch seine Kinder manifestiert. Das sollte auch unser Wunsch sein. Wie kann die Kraft Gottes in unserem Leben aktiviert und ausgedrückt werden? In Galater 5,6 steht:

> *Denn in Christus Jesus gilt weder Beschneidung noch Unbeschnittensein etwas, sondern der Glaube, der durch Liebe wirksam ist.*

Das ist eine sehr kraftvolle Schriftstelle. Das Wort „wirksam" bedeutet, „einer Sache Energie geben ". Mit anderen Worten, der Glaube erhält seine Energie durch Liebe. Das heißt, dass dein Glaube ohne das Leben in Liebe keine göttliche Energie hat.

Stell dir vor, du kaufst einen brandneuen BMW mit einem leistungsstarken V-8-Motor. Stolz lädst du mich ein, dein Auto anzusehen. Ich bin beeindruckt von deinem schönen neuen Auto. Dann öffnest du die Motorhaube und zeigst mir den Motor. Daraufhin setze ich mich auf den Fahrersitz und frage dich, ob ich das Auto fahren darf, worauf du mir gerne die Schlüssel gibst. Ich versuche, das Auto zu starten, aber nichts passiert. Das Auto startet nicht. Weswegen? Weil sich kein Benzin im Tank befindet. Das bedeutet diese Schriftstelle in Galater 5,6. Liebe ist das Benzin für unseren Glauben. Wenn dein Glaubensleben keine Ergebnisse bringt, überprüfe dein „Liebesleben". Warum? Weil der Glaube seinen Treibstoff durch dein Leben in göttlicher Liebe erhält. Wenn du kein Benzin hast, bleibt dir nur noch die Möglichkeit, dein Auto zu schieben. Das funktioniert gut bei Bergabfahrten und erfordert viel Mühe auf einer geraden Straße – aber sobald es eine kleine Steigung gibt, bist du in Schwierigkeiten.

So sieht der Glaube vieler Christen aus. Er ist wie das Schieben eines Autos. Solange alles gut geht, sind sie zufrieden. Aber sobald es das geringste Hindernis gibt, oder sie einer Krise gegenüberstehen, funktioniert ihr Glaube nicht mehr, weil sie ihr Leben damit verbracht haben, ein Auto zu schieben – und das geht nicht bergauf. In den Krisen des Lebens wirst du sehen, ob dein Glaube Energie hat oder nicht. Wenn du wirklich in Liebe lebst, wird dein Glaube Energie und Kraft haben, um Ergebnisse in jeder Krise zu bringen, die du durchmachst.

Ich möchte dir ein praktisches Beispiel geben: Vor einigen Monaten sind meine Frau und ich in den ärmsten Staat Brasiliens gegangen. Wir waren berührt von der schrecklichen Not der Kinder, die dort auf der Straße leben. Wir hörten von siebenjährigen Mädchen, die sich für einen Real (ca. 0,20 Euro) prostituierten, nur um etwas Geld für Essen zu bekommen. Das haben wir von einem Mann aus der Gemeinde gehört, der LKW-Fahrer ist:

Eines Tages, als er eine Pause einlegte, näherte sich ihm ein kleines Mädchen und bot sich zur Prostitution an, um an etwas zu Essen zu kommen. Nach unserer Rückkehr waren wir so tief bewegt von der Not dieser Kinder, dass wir viele Wochen lang weinten. Wir beschlossen, etwas zu tun, um diesen armen Kindern zu helfen. Die Pastoren dort haben ein großes Herz, diesen Kindern zu helfen, aber es gibt keine finanziellen Mittel. Nachdem wir mit ihnen gesprochen hatten, entschieden wir, dass wir ihnen helfen würden, ein Waisenhaus zu bauen, welches etwa 250.000 Dollar kostet. Wir selbst haben sehr wenig Mittel, aber wir glaubten an Gott, dass er das Geld bereitstellen wird, um diese Kinder zu retten. Woher bekommt unser Glaube seine Kraft? Aus der Liebe, denn der Glaube wird durch die Liebe mit Energie versorgt. Wenn du versuchst, im Glauben ein Leben in Kraft und im Sieg Gottes zu führen, aber nicht liebst, wird es scheitern. Selbst wenn du den Glauben hast, Berge zu versetzen, ist das nichts, wenn du keine Liebe hast. Die Liebe scheitert nie.

Wenn du einen weiteren Beweis dafür willst, wie Glaube und Liebe in der Schrift eindeutig miteinander verbunden sind, schau dir eine der mächtigsten Lehren über den Glauben an, die Jesus je gelehrt hat. In Markus 11,23-24 sagte Jesus:

> *Denn wahrlich, ich sage euch, wenn jemand zu diesem Berge spräche: Hebe dich und wirf dich ins Meer, und in seinem Herzen nicht zweifelte, sondern glaubte, dass das, was er sagt, geschieht, so wird es ihm zuteilwerden. Darum sage ich euch: Alles, was ihr im Gebet verlangt, glaubet, dass ihr es empfangen habt, so wird es euch zuteil werden!*

In Vers 24 sind einige Schlüsselwörter: Beten, glauben, empfangen.

Jesus erklärt, dass die Kraft unserer Gebete von unserem Glauben abhängt. Seine Lehre dreht sich an dieser Stelle rund um den Glauben. Beachte, dass Jesus nicht in Kapiteln und Versen gesprochen hat. Er hat diese Fakten einfach genannt. Er setzt seine Lehre über Gebet und Glauben in Vers 25 fort, wo er sagt:

> *Und wenn ihr steht und betet, so vergebet, wenn ihr etwas wider jemand habt, damit auch euer Vater im Himmel euch eure Fehler vergebe.*

Jesus stellt eine klare Verbindung zwischen Glauben und Vergebung her. Warum? Weil Liebe vergibt. Die Bibel sagt:

Die Liebe trägt das Böse nicht nach. (nach 1. Kor. 13,5)

Obwohl die Dinge, die Menschen uns angetan haben, nicht aus unserem Gedächtnis gelöscht werden können, müssen wir uns doch entscheiden, so zu vergeben wie Gott vergibt. Die Bibel sagt:

Gott denkt nicht mehr an unsere Sünden. (nach Hebr 8,12)

Gott ist nicht vergesslich, aber er trifft die Entscheidung, sich nicht an unsere Sünden zu erinnern. Genauso müssen wir auch vergeben, damit unser Glaube wirklich wirksam ist. Wir müssen die Entscheidung treffen, uns nicht mehr an die Sünden zu erinnern, die Menschen uns angetan haben.

Jesus verbindet auch Glauben mit Liebe. 1. Johannes 3,21-23 sagt:

Geliebte, wenn unser Herz uns nicht verdammt, so haben wir Freimütigkeit zu Gott; und was wir bitten, empfangen wir von ihm, weil wir seine Gebote halten und tun, was vor ihm wohlgefällig ist.

Und das ist sein Gebot, dass wir glauben an den Namen seines Sohnes Jesus Christus und einander lieben nach dem Gebot, das er uns gegeben hat.

Auch hier stellt die Bibel eine Verbindung zwischen Beten, Empfangen und Lieben her. Du kannst nicht im wahren biblischen Glauben wandeln, der übernatürliche Ergebnisse bringt, ohne in der göttlichen Liebe zu leben, denn dein Glaube wird dann keine Kraft haben.

Eine Lehre aus dem Abendmahl

Betrachten wir 1. Korinther 11,17-34:

> *Das aber kann ich, da ich am Verordnen bin, nicht loben, dass eure Zusammenkünfte nicht besser, sondern eher schlechter werden. Denn erstens höre ich, dass, wenn ihr in der Gemeinde zusammenkommt, Spaltungen unter euch sind, und zum Teil glaube ich es; denn es müssen ja auch Parteiungen unter euch sein, damit die Bewährten offenbar werden unter euch! Wenn ihr nun auch am selben Orte zusammenkommt, so ist das doch nicht, um des Herrn Mahl zu essen; denn ein jeder nimmt beim Essen sein eigenes Mahl vorweg, so dass der eine hungrig, der andere trunken ist. Habt ihr denn keine Häuser, wo ihr essen und trinken könnt? Oder verachtet ihr die Gemeinde Gottes und beschämet die, welche nichts haben? Was soll ich euch sagen? Soll ich euch loben? Dafür lobe ich nicht! Denn ich habe vom Herrn empfangen, was ich auch euch überliefert habe, nämlich, dass der Herr Jesus in der Nacht, da er verraten wurde, Brot nahm, es mit Danksagung brach und sprach: Nehmet, esset, das ist mein Leib, der für euch gebrochen wird, solches tut zu meinem Gedächtnis! Desgleichen auch den Kelch, nach dem Mahl, indem er sprach: Dieser Kelch ist der neue Bund in meinem Blut; solches tut, so oft ihr ihn trinket, zu meinem Gedächtnis! 26Denn so oft ihr dieses Brot esset und den Kelch trinket, verkündiget ihr den Tod des Herrn, bis dass er kommt. Wer also unwürdig das Brot isst oder den Kelch des Herrn trinkt, der ist schuldig am Leib und am Blut des Herrn. Es prüfe aber ein Mensch sich selbst, und also esse er von dem Brot und trinke aus dem Kelch; denn wer unwürdig isst und trinkt, der isst und trinkt sich*

selbst ein Gericht, weil er den Leib des Herrn nicht unterscheidet. Deshalb sind unter euch viele Schwache und Kranke, und eine beträchtliche Zahl sind entschlafen; denn wenn wir uns selbst richteten, würden wir nicht gerichtet werden; werden wir aber vom Herrn gerichtet, so geschieht es zu unserer Züchtigung, damit wir nicht samt der Welt verdammt werden. Darum, meine Brüder, wenn ihr zum Essen zusammenkommt, so wartet aufeinander! Hungert aber jemand, so esse er daheim, damit ihr nicht zum Gericht zusammenkommt. Das Übrige will ich anordnen, sobald ich komme.

Hier gibt uns der Apostel Paulus klare Anweisungen und ernsthafte Warnungen. Über diese Wahrheit wird in der Gemeinde heute kaum noch gesprochen. Auch wenn Menschen über das Abendmahl sprechen, werden die Warnungen in der Regel nicht erwähnt oder erklärt. Wir müssen jedoch die Anweisungen und Warnungen der Bibel ernst nehmen. In Vers 17 steht:

Es gibt noch eine Sache, in der ich Anordnungen treffen muss, und diesmal handelt es sich um etwas, wofür ich euch nicht loben kann. Ihr verhaltet euch bei euren Zusammenkünften nämlich so, dass es 'die Gemeinde' nicht fördert, sondern ihr schadet. (NGÜ)

Paulus weist hier auf eine sehr wichtige Wahrheit hin. Er sagte, dass die Treffen der Menschen aus der Gemeinde in Korinth, nicht förderlich, sondern zum Schaden waren. Wenn wir als Christen zusammenkommen, sollten wir erbaut und gestärkt und nicht geschwächt werden. Die Gemeinde in Korinth litt an einigen ernsthaften Folgen von ihren gemeinsamen Treffen. Wie kann das möglich sein?

Die Schriftstelle aus 1. Korinther 11,30-32 zeigt deutlich, dass es in der Gemeinde Menschen gab, die krank waren und einige, die sogar starben (im Neuen Testament wurde das Wort „entschlafen“ verwendet, wenn der Redner den Tod meinte – siehe auch Johannes 11,11-14), vor allem, wegen der Art und Weise, wie sie sich trafen. Dies ist die gleiche Gemeinde, die die Gaben des Geistes anwandte, einschließlich der Gaben von Heilungen und Wundern. Lass uns die Verse 29 bis 32 noch einmal sorgfältig lesen:

> *Denn wer unwürdig isst und trinkt, der isst und trinkt sich selbst ein Gericht, weil er den Leib des Herrn nicht unterscheidet. 30 Deshalb sind unter euch viele Schwache und Kranke, und eine beträchtliche Zahl sind entschlafen; 31 denn wenn wir uns selbst richteten, würden wir nicht gerichtet werden; 32 werden wir aber vom Herrn gerichtet, so geschieht es zu unserer Züchtigung, damit wir nicht samt der Welt verdammt werden.*

Um diesen Abschnitt zu verstehen, müssen wir einige Fragen stellen und den Kontext betrachten. Der Grund, warum die Menschen krank waren und vorzeitig starben, war, dass sie unter das Gericht des Herrn kamen. Warum kam Gottes Gericht zu den Christen in Korinth? Diese Gemeinde hatte viele Probleme und sündige Verhaltensweisen, einschließlich sexueller Unmoral (Kapitel 5), einen Rechtsstreit gegen einen Bruder (Kapitel 6), Scheidung (Kapitel 7) und Götzendienst (Kapitel 8-10). Doch keine dieser schweren Sünden brachte ihnen das Gericht Gottes.

Das Gericht bzw. die Strafe kam über sie, weil sie das Abendmahl auf unwürdige Weise nahmen (Vers 29). Einige Prediger sagen, dass dies für Ungläubige gilt, die am Abendmahl teilnehmen, ohne gerettet zu sein. Der Kontext zeigt deutlich, dass das nicht wahr ist. Vers 32 sagt uns, wenn wir gerichtet werden, dann züchtigt uns der Herr, damit wir nicht mit der Welt verurteilt werden. Paulus spricht hier eindeutig zu der Gemeinde und nicht zu Nichtchristen. Es ist interessant festzustellen, dass Paulus in Vers 29 sagt:

> *Denn wer unwürdig isst und trinkt, der isst und trinkt sich selbst ein Gericht, weil er den Leib des Herrn nicht unterscheidet / erkennt. (Anm. d. Übers.)*

Das ursprüngliche Wort für *„unwürdig"* ist kein Adjektiv, das *den Zustand* der Menschen beschreibt, die sich falsch am Abendmahl beteiligt haben. Deshalb kann es sich auch nicht auf Nichtchristen beziehen. Das Wort ist ein Adverb (anaxios), das beschreibt, *in welcher Art und Weise* sie daran teilnahmen.

Das Problem in Korinth war, dass sie den Leib des Herrn nicht erkannten. Das meinte Paulus, als er davon sprach, dass sie das Abendmahl auf unwürdige Weise nehmen; Vers 29 sagt das deutlich. Wir müssen folgende Frage stellen: Wer oder was ist der Leib des Herrn? Jeder Christ sollte die Antwort darauf kennen; die Gemeinde ist der Leib des Herrn. Epheser 1,22-23 sagt:

> *Und wobei er alles unter seine Füße tat und ihn zum Haupt über alles der Gemeinde gab, welche sein Leib ist, die Fülle dessen, der alles in allen erfüllt;*

Der Leib Christi ist die Gemeinde. Der Grund, warum die Menschen in der Gemeinde in Korinth krank waren und einige sogar vorzeitig starben, war, dass sie die Gemeinde nicht erkannten.

Jeder Mensch, der Christus als seinen Retter angenommen hat, ist ein Teil der Gemeinde, welche sein Leib ist. Ich möchte dir zeigen, dass die Erkenntnis des Leibes Christi im Kontext von 1. Korinther 11 bedeutet, in Liebe mit deinen Brüdern und Schwestern umzugehen. Die Menschen in Korinth hatten, wie wir in einem späteren Kapitel sehen, unter sich Gaben von Heilungen, Wundern und sogar Glauben, aber viele von ihnen waren krank. Paulus sagt nicht, dass nur einige Menschen krank waren oder gestorben sind, sondern dass es viele waren (Vers 30), und das steht so auch im griechischen Urtext. Ich habe mir die Frage gestellt, warum so viele Christen in der Gemeinde heutzutage krank sind, auch diejenigen, die in anderen

Bereichen ihres Lebens ein Leben im Glauben führen und wachsen. Doch es scheint, dass sie im Bereich von göttlicher Heilung erfolglos sind, ihre Heilung zu empfangen.

Ich möchte hier ganz klar sagen, dass ich keineswegs glaube, dass jeder kranke Christ in seinem Leben Sünde hat. Allerdings möchte ich auch nicht die Warnung der Bibel ignorieren, was es bedeutet, nicht in der Liebe zum Leib Christi zu leben.

Was heißt es nun, dass sie den Leib Christi nicht erkannten? Was genau bedeutet das? Betrachten wir die Verse 21-22:

> *Denn ein jeder nimmt beim Essen sein eigenes Mahl vorweg, so dass der eine hungrig, der andere trunken ist. Habt ihr denn keine Häuser, wo ihr essen und trinken könnt? Oder verachtet ihr die Gemeinde Gottes und beschämet die, welche nichts haben?*

In welcher Art und Weise haben sie den Leib Christi nicht erkannt und Krankheit und sogar Tod über sich selbst gebracht? Sie taten es, indem sie die Gemeinde Gottes verachteten. Sie erkannten nicht, dass sie sich in einem Bund mit ihren Brüdern und Schwestern befanden und nicht in göttlicher Liebe gegenüber den anderen in der Gemeinde lebten, stattdessen schaute jeder nur auf seinen eigenen Vorteil.

Wie sah das Abendmahl in der Gemeinde in Korinth aus? Es wurde nicht in der Form begangen, wie man das Abendmahl heutzutage feiert. Sie nahmen nicht nur ein kleines Stück Brot und einen Schluck Wein. Sie hatten eine ganze Mahlzeit, was damals sehr verbreitet war. Als Jesus mit den Jüngern das letzte Abendmahl feierte, welches als Beispiel für das Abendmahl und dessen Durchführung steht, tat er dies bei einem Essen. Mahlzeiten waren in der damaligen Kultur sehr wichtig, wie sie es auch heute in den meisten Kulturen der Welt sind. Die Korinther versammelten sich zu einem Essen. Einige Leute waren wohlhabend und hatten viel, während andere nichts hatten. Dabei gehörten sie aber derselben Gemeinde an und hatten einen Bund miteinander. Während einige vollgegessen und bereits betrunken waren, blieben ihre Brüder und Schwestern hungrig. Das ist kein Leben in Liebe. Warum war das so abstoßend für den Herrn und brachte eine Strafe in Form von Krankheit? Es griff ihn so an, weil es das Werk des Kreuzes verachtete, das alle Menschen, alle Klassen und alle Rassen vor ihrem Schöpfer vereint hat.

Jakobus warnt vor einem Klassensystem innerhalb der Gemeinde und einem Verzicht auf Liebe, so wie es die Korinther taten. Schauen wir uns Jakobus 2,1-13 an:

> *Meine Brüder, verbindet den Glauben an unsren Herrn der Herrlichkeit, Jesus Christus, nicht mit Ansehen der Person! 2Denn wenn in eure Versammlung ein Mann käme mit goldenen Ringen und in prächtigem Kleide, es käme aber auch ein Armer in einem unsauberen Kleide, 3und ihr würdet euch nach dem umsehen, der das prächtige Kleid trägt, und zu ihm sagen: Setze du dich hier an diesen Platz! Zum Armen aber sprächet ihr: Bleib du dort stehen, oder setze dich unter meinen Fußschemel! 4würdet ihr da nicht Unterschiede untereinander machen und nach verwerflichen Grundsätzen richten? 5Höret, meine lieben Brüder: Hat nicht Gott diejenigen erwählt, die in den Augen der Welt arm sind, dass sie reich im Glauben und Erben des Reiches würden, das er denen verheißen hat, die ihn lieben? 6Ihr aber habt den Armen verachtet! Sind es nicht die Reichen, die euch vergewaltigen, und ziehen nicht sie euch vor Gericht? 7Lästern nicht sie den schönen Namen, der euch beigelegt worden ist? 8Wenn ihr das königliche Gesetz erfüllet nach dem Schriftwort: «Liebe deinen Nächsten wie dich selbst!», so tut ihr wohl; 9wenn ihr aber die Person ansehet, so tut ihr Sünde und werdet vom Gesetz als Übertreter verurteilt. 10Denn wer das*

> *ganze Gesetz hält, aber in einem Gebote fehlt, der ist*
> *in allem schuldig geworden; 11denn der, welcher gesagt*
> *hat: «Du sollst nicht ehebrechen», der hat auch gesagt:*
> *«Du sollst nicht töten». Wenn du nun zwar nicht die*
> *Ehe brichst, aber tötest, so bist du ein Übertreter des*
> *Gesetzes geworden. 12Redet und handelt als solche, die*
> *durch das Gesetz der Freiheit gerichtet werden sollen!*
> *13Denn das Gericht ist unbarmherzig gegen den, der*
> *keine Barmherzigkeit geübt hat; die Barmherzigkeit*
> *aber rühmt sich wider das Gericht.*

Jakobus spricht davon, dass in der Gemeinde einige Menschen wichtiger sind als andere, was genau das widerspiegelt, was bei den Korinthern passiert ist. In Vers 8 und 9 sagt er uns, warum das so schrecklich ist:

> *Wenn ihr das königliche Gesetz erfüllet nach dem Schriftwort: «Liebe deinen Nächsten wie dich selbst!», so tut ihr wohl; wenn ihr aber die Person ansehet, so tut ihr Sünde und werdet vom Gesetz als Übertreter verurteilt.*

Wenn wir nicht für unseren Bruder und unsere Schwester sorgen, dann ist das Sünde – eine sehr schwere Sünde, weil wir in einem Bund mit ihnen sind. Die Gemeinde in Korinth feierte das Abendmahl, welches eine Feier des Bundes Gottes mit all seinen Kindern ist, und doch widersetzten sie sich dem Bund, indem sie nicht in Liebe miteinander umgingen. Wir sprechen hier nicht von sündloser Vollkommenheit, sondern von der unbußfertigen Sünde, nicht in Liebe zum Leib Christi zu leben.

Warum lässt Gott das Gericht über seine Kinder in Form von Krankheit kommen, wenn sie nicht in Liebe leben? In 1. Korinther 11,32 finden wir die Antwort:

> *Werden wir aber vom Herrn gerichtet, so geschieht es zu unserer Züchtigung, damit wir nicht samt der Welt verdammt werden.*

Will Gott, dass seine Kinder krank werden? *Auf keinen Fall!* Jesus ist gestorben, um unsere Krankheiten zu tragen und will, dass wir in Gesundheit leben. Das griechische Wort für *gezügelt (paideuo)* bedeutet hier, trainiert zu werden. Gott will uns trainieren, in vollkommener Liebe zu leben.

Wie bereits erwähnt: Wenn unser Glaube nicht funktioniert, müssen wir unser Leben in Liebe überprüfen. Lass mich hier nachdrücklich sagen – nicht jede Krankheit ist auf die Sünde in unserem Leben zurückzuführen. Wie überprüfen wir unseren Lebensweg auf Liebe? Paulus sagt uns in 1. Korinther 11,28:

> *Es prüfe aber ein Mensch sich selbst, und also esse er von dem Brot und trinke aus dem Kelch.*

Wir müssen unser eigenes Leben überprüfen, um zu sehen, ob wir in Liebe zum Leib Christi leben. Wenn wir unser Leben durchleuchten, müssen wir den Heiligen Geist bitten, unsere Herzen zu durchsuchen und uns zu offenbaren, wenn wir nicht in Liebe leben. Wir dürfen nicht zulassen, dass der Teufel diese Lehre nutzt, um uns zu verurteilen. Sobald wir den Heiligen Geist aufrichtig gebeten haben und Er uns nichts offenbart, müssen wir in Frieden sein.

In den Briefen des Neuen Testaments gibt es sehr wenig Lehren über Krankheit. Zwei der wichtigsten Lehren über Krankheit unter Christen verbinden Krankheit mit Sünde. Wir haben bereits im 1. Korintherbrief 11 gesehen, dass es einen direkten Zusammenhang zwischen Krankheit und Sünde gibt. Jakobus 5,14-16 stellt ebenfalls die gleiche Verbindung her:

> *Ist jemand von euch krank, der lasse die Ältesten der Gemeinde zu sich rufen; und sie sollen über ihn beten*

> *und ihn dabei mit Öl salben im Namen des Herrn.*
> *15 Und das Gebet des Glaubens wird den Kranken retten, und der Herr wird ihn aufrichten; und wenn er Sünden begangen hat, so wird ihm vergeben werden.*
> *16 So bekennet denn einander die Sünden und betet füreinander, damit ihr geheilt werdet! Das Gebet eines Gerechten vermag viel, wenn es ernstlich ist.*

Vers 16 sagt deutlich, dass wir, wenn wir unsere Sünden bekennen und füreinander beten, geheilt werden.

Kenneth Hagin, der von Gott kraftvoll gebraucht wurde, um herausragende Wunder zu vollbringen, schrieb dies in seinem Buch „Liebe: Der Weg zum Sieg“ :

Ich war fast 12 Jahre lang Pastor, und in 12 Jahren des pastoralen Dienstes wurden nur 2 oder 3 meiner Gemeindeglieder sofort geheilt. Bevor die meisten der Menschen geheilt wurden, musste ich mich mit der Ursache befassen, warum sie überhaupt krank waren. Ich sage nicht, dass ich Menschen beschuldigt habe, etwas falsch gemacht zu haben, gesündigt zu haben oder dass ich in ihrer Vergangenheit grub. Aber ich wollte einfach beten, dass der Heilige Geist mir zeigt, ob sie irgendetwas hindert. Und ich wollte beten, dass er ihnen zeigt, wo sie Veränderungen vornehmen müssen. In jedem Fall habe ich erlebt, dass die Menschen geheilt wurden, sobald sie die Ursache behoben und ihre Herzen und Einstellungen veränderten. Hätten sie nicht die notwendigen Veränderungen vorgenommen, wären einige von ihnen gestorben, weil ihr Zustand so ernst war.[1]

Als ich meine erste Gemeinde gründete, gingen wir auf die Straße, evangelisierten und beteten für die Kranken. Gott tat viele Wunder und heilte viele Kranke. Als die Gemeinde etwa ein Jahr alt war, gab es eine Frau, die Mitglied unserer Gemeinde war und plötzlich eine Entzündung in ihrer Schulter hatte. Diese wurde sehr schmerzhaft

---

[1] Übersetzung aus: Kenneth Hagin, Love: The Way to Victory (Tulsa, OK: Faith Library Pub., 1994).

und sie konnte ihre Schulter nicht mehr einsetzen. Wir haben viel für sie gebetet, aber nichts hat sich geändert. Eines Tages kam ein Heilungsevangelist aus einem anderen Land in eine Stadt in unserer Nähe. Die meisten Menschen aus unserer Gemeinde gingen zu den Treffen. Dieser Mann wusste nichts über die Frau aus unserer Gemeinde. Er hatte ein Wort der Erkenntnis und beschrieb die Frau einschließlich ihres Alters und ihrer genauen Krankheit sehr detailliert. Ich war aufgeregt und dachte: „Endlich wird Gott sie heilen.“ Aber Gott sprach deutlich zu meinem Herzen und sagte: „Pass gut auf. Ich werde dir eine wichtige Lektion beibringen.“ Als die Frau zum Gebet nach vorne ging, betete der Evangelist für sie, und durch die Kraft Gottes fiel sie sofort auf den Boden. Aber als sie aufstand, hatte sich nichts verändert und sie war nicht geheilt. Dann sprach Gott zu meinem Herzen und sagte: „Sie ist krank, weil sie ihrer Schwester nicht vergeben hat. Ich möchte, dass du lernst, die Wurzel zu zerstören und nicht nur die Symptome zu beseitigen."

Wenn es dir ernst ist mit einem Leben in der Liebe des Bundes, dann bete dieses Gebet mit mir:

Vater, ich danke Dir für Deine erstaunliche Liebe zu mir, die Du am Kreuz gezeigt hast. Heiliger Geist, ich bete, dass Du mein Herz durchsuchst und schaust, ob es irgendeine Unversöhnlichkeit gegenüber jemandem gibt. Durchsuche jeden Teil meines Seins, einschließlich meines Unterbewusstseins und aller zellulären Erinnerungen, und befreie mich von jeder Unversöhnlichkeit. Zeige mir, wo ich nicht in Liebe zum Leib Christi lebe. Ich tue Buße, wo immer ich nicht in Liebe gelebt habe, und von heute an beschließe ich, in der Liebe des Bundes gegenüber allen Mitchristen zu leben. Ich beschließe, mich um meine Brüder und Schwestern zu kümmern und werde ein Kanal des Segens für sie sein. Ich danke Dir, dass Du mein Wohlbefinden möchtest. Ich werde dem Teufel keine Tür öffnen, indem ich nicht in Liebe lebe. Vergib mir jede Kritik und alles Verurteilen. Hilf mir zu lernen, in Liebe zu leben. Hilf mir, schnell Buße zu tun, wenn ich nicht in Liebe lebe. Weil ich mich

dafür entscheide, in Liebe zu leben, kann ich meine Heilung empfangen und mein Glaube kann wirken. Teufel, nimm deine Hände von meinem Körper; nimm jede Krankheit von meinem Körper, denn Jesus hat dafür mit seinem gebrochenen Leib bezahlt.
Im Namen Jesus, Amen.

Das Problem mit dem Egoismus

> *Das aber sollst du wissen, dass in den letzten Tagen schwere Zeiten eintreten werden. 2Denn die Menschen werden selbstsüchtig sein, geldgierig, prahlerisch, hochmütig, Lästerer, den Eltern ungehorsam, undankbar, gottlos, 3lieblos, unversöhnlich, verleumderisch, unenthaltsam, zuchtlos, dem Guten feind, 4treulos, leichtsinnig, aufgeblasen, das Vergnügen mehr liebend als Gott;*
> *(2. Timotheus 3,1-4)*

Das erste, was in diesem Abschnitt erwähnt wird, ist, dass die Menschen sich selbst lieben werden. Es heißt, dass dies eines der Zeichen der letzten Tage ist. Es scheint mir, während ich die Welt bereise, dass überall, wo ich hingehe, Egoismus und Egozentrik zunehmen. Es ist unmöglich, wirklich in Liebe zu leben, wenn wir egoistisch sind. Gott sagte zu Abraham in 1. Mose 12,2:

> *Ich werde dich segnen. ... und du wirst ein Segen sein.*

Die meistverkauften Bücher sind heute Bücher, die sich vom Egoismus der Menschen ernähren: Wie *wir* besser sein können; wie *wir* erfolgreicher werden; wie *wir* reicher sein oder wie *wir* unsere Träume verwirklichen können etc. Der Fokus auf diesen Büchern ist wir, wir, wir, wir, wir...

Die meisten Menschen leben ein Leben in Mittelmäßigkeit. Vereinzelt stellen einige Menschen sich selbst, ihre Träume und Wünsche, zurück und leben für einen höheren Zweck; und so erreichen sie Bedeutung im Leben. Mutter Teresa war ein klassisches Beispiel für diese Wahrheit. So, wie Jesus sagte: *„Wer sein Leben findet, der wird's verlieren; und wer sein Leben verliert um meinetwillen, der wird's finden." (siehe Matthäus 10,39).* Im Reich Gottes kommt das Leben nur durch Tod. Egoismus und das Leben in Liebe passen nicht zusammen.

Ich persönlich glaube, dass die Liebe alles überwindet und bezwingt, weil die Bibel sagt, dass die Liebe *nie* scheitert. Das bedeutet, dass Liebe immer den Sieg davontragen wird. Es ist meine Überzeugung, dass fast alle Probleme der Menschheit auf Egoismus beruhen. Wenn wir lieben, werden wir andere für wichtiger halten als uns selbst. Wenn wir lieben, können wir nie beleidigt sein. Wenn wir lieben, werden wir immer vergeben. Wenn wir lieben, werden wir alle Probleme im menschlichen Miteinander und in Beziehungen überwinden. Wir müssen auf unsere Motive achten, um sicherzustellen, dass wir wirklich in Liebe leben.

Ich erinnere mich an eine große Konferenz in Wien, Österreich. Eine Frau kam zu mir und bat mich, für die Erlösung ihres Mannes zu beten. Als ich ihr die Hände auflegte, sagte mir der Heilige Geist, ich solle nicht für die Erlösung ihres Mannes beten. Ich war verunsichert und fragte ihn, warum ich nicht beten solle. Darauf sagte mir der Heilige Geist, dass ihre Bitte auf Egoismus beruht, weil sie in einer unglücklichen Ehe lebt. Sie interessiere sich nicht wirklich für die Erlösung ihres Mannes; sie wolle nur einen christlichen Mann, damit sie eine glücklichere Ehe führen kann. Als ich ihr das sagte, ging sie ärgerlich weg. Am nächsten Tag war sie wieder in der Veranstaltung. Sie kam mit Tränen der Buße zu mir und sagte, dass der Heilige Geist sie überführt habe. Sie lebte nicht in Liebe gegenüber ihrem Mann. Daraufhin hatte sie Buße getan, liebte ihn nun wirklich und deshalb wollte sie seine Erlösung um seinetwillen statt um ihretwillen. In Philipper 2,3 steht:

> *Tut nichts aus Selbstsucht oder nichtigem Ehrgeiz, sondern in Demut achte einer den anderen höher als sich selbst. (Schlachter 2000)*

Wenn wir wirklich in Liebe leben, wird es keine egoistischen Ansprüche in uns geben. Der Heilige Geist sagte mir daraufhin, dass ich jetzt für ihre Bitte beten könne.

Kehren wir zurück zu Philipper 2,3:

> *Tut nichts aus Selbstsucht oder nichtigem Ehrgeiz*

Ein guter Test, um herauszufinden, ob wir egoistisch sind, wäre, ein Blatt Papier zu nehmen und all die Dinge aufzuschreiben, die wir tun. Zum Beispiel bin ich Pastor; reise und predige viel; bin ein Autor; ich bin Ehemann und Vater; ich liebe es, großzügig zu sein und zu geben, etc. Während wir all diese Dinge auf ein Blatt Papier schreiben, sollten wir betend darüber nachdenken, was uns motiviert, diese Dinge zu tun. Ich habe mir die Frage gestellt: „Warum schreibe ich Bücher? Schreibe ich sie, um ein Einkommen zu generieren, oder weil ich andere Menschen segnen will?" Die Bibel sagt: „Tut nichts aus Selbstsucht oder nichtigem Ehrgeiz."

Liebe denkt nicht an sich selbst, sie hält andere für wichtiger.

Jesus lebte genau so. Als Johannes der Täufer getötet wurde, wollte sich Jesus an einen ruhigen Ort zurückziehen. Johannes der Täufer war sein Cousin und der Vorbereiter seines Weges. Aber als die Menge sah, wie Jesus in das Boot stieg, um sich an einen ruhigen Ort zurückzuziehen, gingen sie auch dorthin. Jesus entschied sich, nicht egoistisch zu sein, sondern andere als wichtiger zu betrachten als sich selbst. Anstatt sie wegzuschicken und ihnen zu sagen, dass er ihnen nicht dienen könne, weil er Zeit braucht, um zu trauern, stellte Er sich zurück und heilte alle unter ihnen, die krank waren. Während meiner Reisen und Dienste hatte ich viele lange Nächte und war häufig sehr müde. Wenn dann bedürftige Menschen zum Gebet zu mir kamen, sagte ich mir immer wieder: *„Lass nichts* *durch egoistische Motive geschehen, sondern schätze andere höher als dich selbst.*" Wenn ich mit anderen Menschen interagiere, erinnere ich mich immer wieder daran, dass die Person, mit der ich gerade spreche, wichtiger ist als ich.

Als wir unsere erste Gemeinde in Österreich gründeten, bewegte sich Gott sehr kraftvoll und viele junge Menschen wurden gerettet. Sie kamen aus Drogenabhängigkeit, Alkoholismus und sexueller Unmoral. Sie hatten überhaupt kein christliches Verständnis. Die Gemeinde war neu ohne ausgebildete Leitung und diese Menschen mussten zu Jüngern gemacht werden. Viele Monate lang kamen sie sieben Tage in der Woche zu uns nach Hause und wir haben sie in Jüngerschaft genommen und sie das Wort Gottes gelehrt.

Es gab eine junge Frau, Mitte zwanzig, die viele sexuelle Beziehungen zu Männern hatte. Nachdem sie gerettet wurde, hörte das sündige Verhalten sofort auf. Sie liebte es zu kochen und zu backen, und sie war sehr gut darin. Als wir uns Abend für Abend trafen, brachte sie gerne spezielle hausgemachte Kuchen und österreichischen Strudel mit. Was so selbstlos und liebevoll aussah, wurde bald für alle offensichtlich. Das Motiv ihrer Handlungen war nicht Liebe, sondern Egoismus. Sie wollte die Jungs beeindrucken und einen von ihnen dazu bringen, sich in sie zu verlieben. Weil ihr Motiv nicht reine Liebe war, geschah das Gegenteil; die Jungs wurden nicht angezogen, sondern von dieser Falschheit abgewehrt.

Tief in unseren Herzen erkennen wir immer, ob andere in der göttlichen Liebe handeln oder nicht. Die göttliche Liebe ist selbstlos und aufopfernd, ohne etwas dafür zurück zu wollen. Eines Tages erzählte diese junge Frau, dass ihr vom Heiligen Geist die Motive ihres Herzens offenbart wurden, und sie wurde überführt. Sie sagte mir, dass sie als Akt der Buße keine Kuchen oder Strudel mehr für unsere Gruppe backen würde. Darauf sagte ich sofort: „Der Heilige Geist hat dir dein falsches Motiv gezeigt. Deine Handlungen sind nicht verkehrt; es ist das Motiv, das geändert werden muss. Hör nicht auf, diese wunderbaren Kuchen zu backen, kehre einfach von deinem falschen Motiv um und backe sie jetzt, weil du in Liebe lebst." Das ist genau das, was 1. Korinther 13,3 bedeutet:

> *Und wenn ich alle meine Habe austeilte und meinen Leib hingäbe, damit ich verbrannt würde, aber keine Liebe hätte, so nützte es mir nichts!*

Wir können die richtigen Dinge ohne das Motiv der Liebe tun, aber in den Augen Gottes ist das wertlos. Als sie umkehrte, ihre Herzenshaltung veränderte und diese Kuchen aus dem richtigen Motiv gebacken hat, waren wir alle gesegnet und Gott gab ihr einen wunderbaren, gottesfürchtigen Ehemann aus der Gruppe, die die ganze Zeit dort gewesen war. Nach ihrer veränderten Haltung wurde er nicht mehr von ihren Motiven abgewiesen, sondern von ihrer Liebe angezogen. *Warum* wir das tun, was wir tun, ist so wichtig. Jede Handlung muss durch wahre Liebe motiviert sein. Wir müssen lernen, in dieser göttlichen Liebe zu leben.

Kapitel 11

Frucht des Geistes

Die Frucht des Geistes aber ist Liebe, Freude, Friede, Geduld, Freundlichkeit, Gütigkeit, Treue, Sanftmut, Enthaltsamkeit. Gegen solche Dinge gibt es kein Gesetz. (Galater 5,22-23)

Wenn ich Christen frage, ob sie mir sagen können, was die Frucht des Geistes ist, zitieren sie normalerweise diese neun Merkmale. Ich glaube jedoch nicht, dass es neun Früchte des Geistes gibt. Die Bibel sagt nicht Früchte, sondern Frucht, in der Einzahl. Das bedeutet, es muss nur eine Frucht geben. Die einzige Frucht des Heiligen Geistes ist die Liebe, die göttliche Liebe. Alle anderen acht Merkmale sind Ausdrucksformen dieser Liebe. Nach der Aufzählung dieser neun Kennzeichen, sagt uns die Schrift, *„Gegen solche Dinge gibt es kein Gesetz.“*

In Römer 13,8 steht:

Seid niemand etwas schuldig, als dass ihr einander liebet; denn wer den andern liebt, hat das Gesetz erfüllt.

Die einzige Frucht des Geistes ist also Liebe, und wenn wir in dieser Liebe leben, gibt es kein Gesetz, das gegen uns ist. Wie ich bereits erwähnt habe, glaube ich nicht, dass wir nach den Zehn Geboten leben sollten. Viele Christen diskutieren gerne mit mir darüber, was ich für völlig unnötig halte. Warum glaube ich das? Wir stehen nicht unter dem Gesetz; wir leben nach dem Geist. Durch den Heiligen Geist ist die Liebe Gottes bereits in unsere Herzen gegossen worden. Die Liebe ist die Frucht, die der Geist in uns bereits hervorgebracht hat. Wenn wir lernen, in dieser Frucht zu leben, indem wir unserer egoistischen Natur nicht nachgeben, brauchen wir keine Regeln, Vorschriften oder Gesetze; jedes Gesetz wird durch dieses eine Gebot erfüllt: Liebe Gott und liebe deinen Nächsten.

Wenn du dir diese neun Eigenschaften einzeln ansiehst, wirst du schnell feststellen, dass alle anderen acht Eigenschaften das Ergebnis von einem Leben in Liebe sein werden. Wenn wir in Liebe leben, werden wir Freude haben. Jesus sagte, dass unsere Freude vollkommen sein wird, wenn wir seine Gebote befolgen. Sein Gebot ist es, einander zu lieben. Das heißt, wenn wir in Liebe wandeln, werden wir vollkommene und perfekte Freude haben. Frieden wird uns umgeben, wenn wir in Liebe leben. Liebe wird Streit, Kämpfe und zerbrochene Beziehungen überwinden.

Das nächste Merkmal ist Geduld. Geduld ist ein Kennzeichen der Liebe. Erinnerst du dich an 1. Korinther 13? Wie wird die Liebe als allererstes beschrieben? Liebe ist geduldig. Das nächste Kennzeichen ist Freundlichkeit. „Liebe ist geduldig, Liebe ist freundlich." Wenn wir alle acht Merkmale durchgehen, werden wir sehen, dass sie alle ein Ausdruck von Liebe sind. Stell dir eine Orange vor: Lass uns die Frucht des Geistes mit einer Orange vergleichen. Wir haben also eine Orange und wenn wir diese Orange schälen, sehen wir viele Einzelstücke. Wie viele Orangen haben wir? Nur eine – aber viele Einzelstücke. Genauso ist die Frucht des Geistes. Die Liebe steht für die eine ganze Orange, sie hat aber viele Einzelteile.

Wir müssen täglich die Entscheidung treffen, von unserem Egoismus umzukehren und zu lernen, in Liebe zu leben. Wenn wir das tun, werden wir ständig in der Liebe wachsen. Ich glaube, dass es für jeden Christen das Wichtigste ist, zu lernen und zu praktizieren, wie man in Liebe lebt. Wenn wir das tun und beständig über die 15 Merkmale in 1. Korinther 13 meditieren, werden wir in unserem göttlichen Liebesleben wachsen. Wenn wir nach dem Gesetz leben, wird das nichts als Religion, Heuchelei und Frustration hervorbringen. Wenn wir uns hingegen dafür entscheiden, nach nur einem

Gesetz zu leben, dem Gesetz der Liebe, wird jede Frustration unser Leben verlassen.

Kapitel 12

Der Kreislauf der Liebe

Es ist entscheidend, für unser Bestreben in Liebe zu leben, dass wir den Kreislauf der Liebe verstehen.

Als ich das verstand, wurde mein Leben völlig verändert. Wie wir bereits in diesem Buch festgestellt haben, ist Gottes Gebot sehr klar. Wir müssen den Herrn, unseren Gott, von ganzem Herzen, ganzer Seele und ganzem Verstand lieben. Gott will kein geteiltes Herz. Er hat uns nicht nur befohlen, ihn zu lieben, sondern er hat uns auch befohlen, ihn von ganzem Herzen zu lieben. Er will unsere vollkommene und totale Liebe.

Früher glaubte ich, dass Gott den ersten Platz in meinem Herzen haben muss und alle anderen Dinge müssen sich dem unterordnen. Das glaube ich nicht mehr. Ich bin davon überzeugt, dass ich richtige Prioritäten in meinem Leben setzen muss, aber mein Herz muss ungeteilt Gott gehören. Wenn Gott den ersten Platz in meinem Herzen hat, dann wird es einen ständigen Wettbewerb zwischen Gott und all den anderen Themen geben, die versuchen, mein Herz zu erobern.

Wir müssen den Unterschied verstehen, zwischen den Dingen, die in unserem Herzen sind, und den Dingen, die versuchen, sich in unser Leben hinein zu drängen. Wenn wir das nicht verstehen, werden wir nicht in der Lage sein, den Geboten Jesu zu gehorchen, alles zu verlassen und ihm nachzufolgen. Er sagte einige sehr harte Dinge – zum Beispiel, dass wir nicht seine Jünger sein können, wenn wir nicht Vater und Mutter, Frau und Kinder, Brüder und Schwestern und sogar unser eigenes Leben hassen (Lukas 14,26).

Wie kann Jesus so harte Worte sprechen? Weil Er nicht bereit ist, sich unser Herz zu teilen. Wir leben für IHN; ER lebt nicht für uns. Wenn wir verstehen, dass die Frage unserer Liebe zu Gott zuallererst eine Herzensfrage ist, dann machen die Worte Jesu Sinn. Ich liebe meinen Vater und meine Mutter, meine Brüder, Schwestern und meine Frau und sie sind ein wunderbarer Teil meines Lebens, aber die Hingabe meines Herzens gehört nur Gott.

Nur wenn unsere Herzen vollkommen an Gott hingegeben sind, werden wir in der Lage sein, das andere Gebot zu erfüllen – unseren Nächsten und unsere Feinde zu lieben. Wie kann man nur so leben? Wie kann ein Mensch so leben, wie wir es in diesem Buch gelernt haben? Wie kann man die Menschen, die einen hassen, selbstlos lieben? Egal, wie wir über diese Wahrheit denken, es ist ein klares Gebot der Bibel. Ich werde diese Frage im weiteren Verlauf des Buches weiter beantworten.

Ich möchte dir durch eine Geschichte ein Beispiel dafür geben, wie man in Liebe lebt. Ich glaube, es war während des jugoslawischen Bürgerkriegs, als diese Geschichte geschah: Eine junge Frau ging eines Abends mit ihrem Bruder nach Hause. Sie wurden von einer Gruppe feindlicher Soldaten aufgehalten. Diese begannen, ihren Bruder vor ihren Augen zu foltern und zwangen sie, zuzusehen, wie ihr Bruder diese brutale Qual durchmachte. Dann zwangen sie ihren Bruder, zuzusehen, wie ein Soldat nach dem anderen begann, seine Schwester zu vergewaltigen. Dann töteten sie ihren Bruder vor ihren Augen und ließen sie gehen. Einige Monate später wurde der kommandierende Soldat im Krieg verletzt und in ein Krankenhaus gebracht. Als er im Krankenhaus ankam, war er bewusstlos. Vor allem eine Krankenschwester kümmerte sich besonders gut um ihn. Sie pflegte ihn liebevoll gesund. Als er aus seiner Bewusstlosigkeit erwachte, sah er in die liebevollen Augen dieser Krankenschwester und merkte plötzlich, dass er sie kannte. Sie war die junge Frau, deren Bruder sie folterten und töteten; er hatte sie vergewaltigt und seinen Soldaten befohlen, sie ebenfalls zu vergewaltigen. Als er das erkannte, sagte er zu ihr: „Warum hast du mich nicht einfach sterben lassen, sondern mein Leben gerettet?" Sie antwortete mit liebevollen Augen: „Ich habe das wegen Jesus getan." Sie erfüllte wahrhaft das Gebot Jesu, diejenigen zu lieben, die uns schlecht behandeln, und diejenigen zu segnen, die uns verfluchen; mit anderen Worten, sie liebte buchstäblich ihren Feind.

So soll jeder Christ leben. Oft kämpfen wir nur darum, unsere Brüder und Schwestern zu lieben, die in die gleiche Kirche und Kleingruppe gehen wie wir. Oft fällt es uns schwer, unsere eigenen Familienmitglieder zu lieben, ganz zu schweigen von den Menschen, die uns hassen. Dennoch ist es der klare biblische Standard.

Lass mich dir zeigen, wie du ein Leben in Liebe führen kannst. Zuerst müssen wir verstehen, was die Bibel meint, wenn sie von Liebe spricht. Wie bereits erwähnt, gibt es im griechischen Original des Neuen Testaments verschiedene Worte für das Wort *Liebe*. Wir müssen die Unterschiede verstehen. Wenn ich jeden Leser dieses Buches fragen würde, was es bedeutet zu lieben, würde ich viele verschiedene Antworten bekommen, weil wir alle unterschiedlich gelehrt und erzogen wurden; wir alle wurden von vielen Faktoren in unserem Leben beeinflusst. Deshalb müssen wir uns die biblische Definition von Liebe ansehen und nicht unsere eigene.

Die biblische Definition von Liebe

Das erste griechische Wort für Liebe ist *Eros*. Das meint die physische, sexuelle Liebe zwischen Mann und Frau. Aber das ist nicht die Liebe, über die wir in diesem Buch gesprochen haben. Obwohl diese Art von vielen Menschen als Liebe beschrieben wird, und wenngleich auch Hollywood dies als Liebe darstellt, ist das in Wirklichkeit Lust und nicht die Liebe, über die wir gesprochen haben. Eros ist die Liebe, die vorhin im Zeugnis von der Frau erwähnt wurde, welche kürzlich geheiratet hatte und immer wieder sagte, wie sehr sie ihren Mann liebe. Sie erlebte Eros-Liebe, nicht die göttliche Art Liebe, die ich in ein paar Minuten erklären werde. Eros ist die Liebe, die, wenn sie außerhalb des Ehebundes praktiziert wird, Menschen verletzt, verwundet und von Liebe verwirrt sein lässt.

Das zweite Wort ist *Phileo*. Das ist eine freundschaftliche Liebe. Wir alle haben diese Liebe bei verschiedenen Gelegenheiten erlebt. Es ist eine wunderbare Liebe, aber es ist nicht die göttliche Liebe. Das ist die Liebe, aus der die meisten Freundschaften und Familien bestehen. Phileo und Eros sind Arten von Liebe, die die Welt auch hat. Obwohl es wunderbar ist, mit Phileo-Liebe geliebt zu werden, ist es nicht genug. Tatsächlich glaube ich, dass sich Gemeinden spalten, Ehen zerbrechen und Freundschaften auseinanderfallen, weil sie auf dieser Art der Liebe basieren. Was ist das Problem bei der Phileo-Liebe? Das Problem ist, dass diese Art von Liebe etwas zurückfordert. Solange diese Liebe erwidert und dir zurückgegeben wird, wird sie dauerhaft gut funktionieren. Solange du deinen Freund liebst und dein Freund dich liebt, werdet ihr eine wunderbare Freundschaft genießen.

Ich halte mich für gesegnet, so viele wunderbare Freunde in verschiedenen Teilen der Welt zu haben. Seit Jahren genieße ich ihre Freundschaften, aber ich achte sehr darauf, dass ich die Beziehung zu meinen Freunden nicht auf dieser Phileo-Liebe gründe. Wenn ich das tue, besteht ein hohes Risiko, dass diese Freundschaften abgebrochen werden und in Enttäuschung enden. Als Pastor, der seit etwa 35 Jahren im Dienst ist, habe ich das tragische Ergebnis von Beziehungen gesehen, die zerbrochen und zerstört wurden, weil sie auf Phileo-Liebe basierten. Ich selbst habe in Phileo-Liebe gelebt, als ich in der göttlichen Liebe hätte leben sollen. Diese Phileo-Liebe wird nur für kurze Zeit anhalten, wenn sie nicht erwidert wird.

Stellen wir uns vor, dass ich ein Wochenende lang in einer Gemeinde predige und der Pastor wird ein guter Freund von mir. Wir genießen den Umgang miteinander, mögen es, zusammen zu sein und wir reden über Dinge, über die wir uns beide einig sind. Er ist durch meinen Dienst gesegnet und er segnet mich. Wir sagen uns immer wieder, wie sehr wir uns lieben. Stell dir vor, was passieren würde, wenn ich in meine Heimatstadt zurückkehren und ein Gerücht verbreiten würde, das eine komplette Lüge ist. Ich poste es im Internet, schicke es per E-Mail an alle meine Freunde und erzähle es allen, die ich treffe. Ich sage allen, dass dieser Pastor Ehebruch begangen hat; er stiehlt der Gemeinde Geld und missbraucht die Menschen. Alle glauben mir, das Gerücht verbreitet sich schnell, und der Ruf dieses Mannes ist zerstört. Die Leute verlassen seine Gemeinde und er leidet unter meinen Lügen. Was würde mit unserer Freundschaft passieren? Sie würde zerstört werden, weil die Phileo-Liebe eine positive Reaktion haben muss und erwidert werden muss.

Angenommen, dieser Pastor würde mich kontaktieren und mich mit meinen Lügen konfrontieren – ich hingegen würde mich weigern, auf ihn zu hören und ihm sagen, dass ich diese Lügen weiter verbreiten werde – könnte er mich weiterhin lieben? Nicht mit Phileo-Liebe. Zu diesem Zeitpunkt wäre unsere Beziehung völlig zerstört. An diesem Punkt zerbrechen Familien und spalten sich Gemeinden. Hier werden Ehen geschieden, verlassen Menschen die Gemeinden und am Ende verpassen sie sogar das Ziel Gottes für ihr Leben. An diesem Punkt wird nur die Agape-Liebe, die wir gleich erklären werden, weiterhin lieben können.

Viele Christen verstehen diese drei Arten der Liebe nicht und versuchen daher immer, in der Phileo-Liebe zu leben. Das ist der einzige Weg, den sie bei ihrer Erziehung von Familie und Umwelt gelehrt bekamen. Solange wir versuchen, in dieser Art von Liebe zu leben, werden wir völlig unfähig sein, dem biblischen Gebot der Liebe zu gehorchen. Mir wird von wunderbaren und wohlmeinenden Christen oft gesagt, dass es für uns unmöglich ist, so zu lieben, wie es uns die Bibel befiehlt. Das liegt daran, dass sie in Phileo-Liebe leben und nicht verstehen, dass Phileo-Liebe zurückgegeben werden muss. Dein Feind wird deine Liebe nicht erwidern. Oft werden sogar unsere Freunde und Familienmitglieder die Liebe, die wir erwarten, nicht erwidern. Aus diesem Grund sind diese Menschen nie in der Lage, ein Leben in Liebe zu führen, wie es die Bibel uns befiehlt.

Lass uns nun über das dritte Wort für Liebe sprechen, *agape*. Ich möchte dir diese Liebe erklären. Erstens: kein Mensch wird mit dieser Liebe geboren. Es ist die Liebe, die nur Gott hat und diejenigen haben, denen er sie gibt. Das Wesen dieser Liebe wird in der Bibel deutlich dargestellt. Römer 5,8 sagt:

> *Gott aber beweist seine Liebe gegen uns damit, dass Christus für uns gestorben ist, als wir noch Sünder waren.*

Die Agape-Liebe geht weit über jede menschliche Liebe hinaus. Sie ist die ewige Liebe, mit der Gott uns geliebt hat. Sie ist eine Liebe, die keine Antwort braucht; eine Liebe, die weiterhin freundlich, sanftmütig, weichherzig und selbstlos sein wird, auch wenn sie abgelehnt wird.

Diese Liebe wird sehr deutlich von Jesus am Kreuz gezeigt und im Leben des ersten Märtyrers Stephanus. Beide baten Gott, ihren Feinden zu vergeben, den Menschen, die sie getötet hatten. Diese Liebe sagt: „Ich habe mich entschieden, dich zu lieben, ob du meine Liebe annimmst oder nicht. Ich habe mich entschieden, dich zu lieben, auch wenn du mich hasst; ich habe mich entschieden, dich zu lieben, auch wenn du Lügen über mich verbreitest. Ich habe mich entschieden, dich zu lieben, auch wenn du mich verletzt hast.“ Es ist menschlich, ohne Gott, unmöglich, auf diese Weise zu lieben.

In Matthäus 22 sagt uns Jesus, dass es das Wichtigste ist, den Herrn, unseren Gott, von ganzem Herzen zu lieben und unseren Nächsten wie uns selbst zu lieben. Er benutzte das Wort *agape*. Da wir oft unter dem Alten Bund statt unter dem Neuen Bund leben, versuchen wir, Gott mit Phileo-Liebe zu lieben. Wir lesen das Gebot in der Bibel, wo Gott uns befiehlt, ihn zu lieben, und wir versuchen, ihm in unserer eigenen Kraft und unserer eigenen Liebe zu gehorchen. Das wird nie funktionieren und endet nur in Frustration.

Warum? Weil Jesus nie das Wort *Phileo* benutzt hat; Er hat das Wort *Agape* benutzt. Mit anderen Worten, Jesus sagte: „Das Wichtigste für dich ist, den Herrn, deinen Gott, mit einer Liebe zu lieben, die du nicht einmal in dir selbst hast." Deshalb funktionierte der Alte Bund nicht – denn er hing von den Menschen ab und nicht vom vollbrachten Werk des Kreuzes.

Im Neuen Bund änderte sich alles. Gott will nicht, dass wir ihn mit unserer menschlichen Liebe lieben, die ständig erwidert werden muss. Die Menschen werden enttäuscht und wütend auf Gott, weil sie ihn mit ihrer Phileo-Liebe lieben. Wenn sie bestimmte Umstände und Situationen nicht verstehen, die Gott erlaubt hat, haben sie das Gefühl, dass Gott sie nicht liebt, und der Kreislauf der Liebe ist unterbrochen. Die einzige Lösung besteht darin, im Neuen Bund und im vollbrachten Werk des Kreuzes zu leben.

Wie kann Jesus uns bitten, Gott mit Agape-Liebe zu lieben, wenn wir diese Agape-Liebe nicht einmal in uns selbst haben? Denk einmal an kleine Kinder. Haben sie Agape-Liebe? Werden Menschen mit einer selbstlosen Liebe geboren, die keine Erwiderung braucht? Nein. Es ist normal, dass Kinder egoistisch und egozentrisch sind. Hier kommt Römer 5,5 ins Spiel:

> *Die Liebe Gottes ist durch den Heiligen Geist in unsere Herzen ausgegossen worden.*

Damit sagt uns Gott also, dass wir ihn mit der Liebe lieben sollen, die von ihm kommt. Das ist die wunderbare Wahrheit über den Neuen Bund. Alles, was Gott von uns verlangt, hat er uns bereits durch das vollbrachte Werk des Kreuzes ermöglicht.

Sowohl alle Lehren, die ich in diesem Buch über das Leben in Liebe gebracht habe als auch die Merkmale der Liebe aus 1. Korinther 13, basieren auf dem Wort *agape* für Liebe. Wegen eines mangelnden Verständnisses für die verschiedenen Arten der Liebe verwechseln wir oft die göttliche Liebe mit unserer menschlichen (Phileo-)Liebe und landen in einer Katastrophe. Erst in dieser Woche wurde ich von jemandem gefragt, ob ich es für wahr halte, dass wir unseren Mann (oder unsere Frau) mehr lieben müssen als unsere Kinder. Meine Antwort lautete: „Nein, ich glaube nicht, dass es wahr ist. Ich glaube, das ist die menschliche Denkweise, denn die Agape-Liebe liebt alle gleich, auch diejenigen, die uns hassen. Es ist eine bedingungslose Liebe, die nie eine Erwiderung braucht. Das ist die Liebe, mit der Gott uns liebt. Um auf diese Weise zu lieben, müssen wir zuerst verstehen, wie wichtig es ist, diese Liebe zu empfangen. Du kannst nicht geben, was du nicht hast. Du musst dein Herz aktiv öffnen, um diese Liebe ständig zu empfangen."

Das Neue Testament unterscheidet zwischen Leben und Wandeln. Wandeln bedeutet, ständig alles zu erleben, was uns durch die Erlösung und das vollbrachte Werk des Kreuzes zuteil wurde. Es genügt nicht, wenn wir in unseren Köpfen wissen, dass die bedingungslose Liebe Gottes in unsere Herzen ausgegossen wurde. Obwohl dies eine biblische Wahrheit ist, müssen wir in dieser Wahrheit erfahrungsmäßig unser Leben führen, d.h. darin wandeln. Wir können nicht geben, was wir nicht zuvor erhalten haben. Wenn du kein Leben führst, in dem du die Liebe Gottes beständig erfährst, wie willst du dann in der Lage sein, diese bedingungslose Liebe an andere weiterzugeben?

Kapitel 13

Als Gott mich über Liebe lehrte

Vor vielen Jahren begann Gott, mich über diese Art der Liebe zu lehren. Seit ich ein kleines Kind war, wollte ich immer mit Gott gehen und ihn lieben. 1968 nahm ich Jesus Christus als meinen Retter an, und eine meiner größten Sehnsüchte war immer, Gott von ganzem Herzen zu lieben. Ich verstand nicht, dass ich Gott mit Phileo-Liebe und nicht mit Agape-Liebe liebte. Gott begann, mich in seiner Gnade durch eine Reihe von göttlich geführten Erfahrungen zu lehren. Ich hatte in meinem Leben bestimmte Gewohnheiten entwickelt. Eine dieser Gewohnheiten war das, was ich jeden Morgen nach dem Aufwachen tat. Als ich aufwachte, sagte ich Gott, wie sehr ich ihn liebe. Einige Minuten lang lag ich auf meinem Bett und sagte Gott, wie sehr ich ihn liebte.

Eines Morgens, als ich das tat, unterbrach Gott mein Gebet. Er sagte mir, dass er nicht will, dass ich meinen Morgen auf diese Weise beginne. Ich war verwirrt, weil es für meinen religiösen Geist keinen Sinn ergab. Ich hatte im Laufe der Jahre viele Schriftstellen auswendig gelernt, einschließlich der Passage über die Liebe zum Herrn, unserem Gott, von ganzem Herzen. Aber obwohl ich diesen Vers auswendig gelernt hatte, hatte ich ihn nicht ganz verstanden. Ich konzentrierte mich auf meine Fähigkeit zu lieben, und nicht auf Gottes Liebe, die Er mir gegeben hatte.

Also fragte ich Gott: „Wie soll ich meinen Tag beginnen?“ Sein Geist sprach zu meinem Herzen: „Ich will nicht, dass du deinen Tag damit beginnst, mir zu sagen, wie sehr du mich liebst. Ich möchte, dass du deinen Tag damit beginnst, mir zu danken, dass ich dich so sehr liebe.“ Das war für mich aus mehreren Gründen sehr schwierig.

Ich hatte eine religiöse Denkweise; ich konzentrierte mich mehr auf meine Werke als auf das vollbrachte Werk des Kreuzes – und in unserer Sprache haben wir nur ein Wort für Liebe, nicht drei. Als Gott mich weiter lehrte, begann ich zu verstehen, dass ich den Herrn, meinen Gott, mit einer Liebe lieben muss, die ich nicht in mir habe und die nicht von mir kommt.

Das ließ mir nur zwei Möglichkeiten: Entweder ich liebe den Herrn, meinen Gott, mit meiner menschlichen Liebe, und erfülle damit nicht, was die Schrift sagt, oder ich erfahre ständig die bedingungslose Liebe Gottes und lass diese zu ihm und allen anderen Menschen zurückfließen. Wenn wir Gott aus eigener Kraft lieben, werden wir austrocknen und frustriert werden.

Also änderte ich im Gehorsam gegenüber Gott die Art und Weise, wie ich meine Tage begann. An vielen Morgen nach dieser Begebenheit blieb ich nach dem Aufwachen in meinem Bett und verbrachte eine ganze Menge Zeit damit, Gott dafür zu danken, wie sehr er mich liebt. Ich konzentrierte mich nicht mehr auf meine Liebe zu ihm, sondern begann mich auf seine Liebe zu mir zu fokussieren. Ich erinnere mich, dass ich auf meinem Bett lag und fortgesetzt wiederholte: „Herr, danke, dass Du mich so sehr liebst. Danke für Deine leidenschaftliche und tiefe, bedingungslose Liebe zu mir.“ Ich dankte ihm immer wieder für seine Liebe und konzentrierte mich auf nichts anderes. Dies war aufgrund meiner Erziehung, die mich lehrte, dass ich bedingt und nicht bedingungslos geliebt werde, ein schwieriger Prozess. Die Liebe, die ich bis zu diesem Zeitpunkt empfing, war leistungsbezogen. Ich konzentrierte mich ständig darauf, was ich für Gott (und für andere, um ihre Liebe zu bekommen) tat, anstatt darauf, was Gott für mich tat. Aber ich war entschlossen, die Art und Weise, wie ich mein Leben lebte, zu ändern. Als ich das tat, füllte Seine Liebe beständig mein Herz und meinen Geist.

Und wir haben erkannt und geglaubt die Liebe, die Gott zu uns hat; Gott ist Liebe, und wer in der Liebe bleibt, der bleibt in Gott und Gott in ihm. (1 Joh 4,16)

Wir müssen verstehen, wie wichtig es ist, der Liebe zu glauben, die Gott für uns hat. Wir können entscheiden, was wir glauben. Wir müssen die ständige Entscheidung treffen, der Liebe, die Gott zu uns hat, zu glauben, sie zu verkünden und zu bekennen, um unsere Herzen zu verändern. Erst wenn wir die Entscheidung treffen, an die Liebe Gottes zu glauben, werden wir die Liebe Gottes erkennen (erleben). Wir sind dann nicht länger die Quelle der Liebe, sondern der Kanal der Liebe Gottes. Weil Gott möchte, dass die ganze Welt Seine göttliche Liebe sieht, gießt Er sie mit unserer Errettung in unsere Herzen hinein. Aus diesem Grund ist es so wichtig, unsere Herzen zu öffnen und Seine Liebe in jedem Moment eines jeden Tages zu empfangen.

In diesem ganzen Prozess des Gelehrt-Werdens über das Empfangen Seiner Liebe geschah etwas Interessantes. Ich habe niemandem von dem tiefen Werk erzählt, das Gott in meinem Herzen vollbrachte. Ich wollte, dass alles von Gott und nichts von Menschen kommt. Eines Tages erhielt ich ein Paket von einer Freundin, die etwa 3.500 km entfernt lebte. Sie hatte keine Ahnung, was Gott in meinem Herzen tat. Dem Paket lag folgende Notiz bei: „Reinhard, ich ging heute in eine christliche Buchhandlung und sah dieses Schild. Als ich es sah, sagte mir Gott, ich solle es für dich kaufen." Es war ein Schild, das man an die Wand hängt. Darauf stand: „Jesus liebt dich, aber ich bin sein Liebling." Ich hängte dieses Schild sofort vor meine Augen über meinem Schreibtisch auf. Mein Herz war überwältigt. Jeden Tag sah ich mir dieses Schild an und wiederholte immer wieder: „Ich bin sein Liebling." Diese Dame hatte keine Ahnung von dem wunderbaren Prozess, den Gott in meinem Herzen durchführte.

Von da an wachte ich jeden Morgen auf, dankte Gott dafür, wie sehr er mich liebt und ich empfing seine Liebe. Beim Wiederholen und Bekennen, dass ich sein Liebling bin, betete ich dieses Gebet: „Herr, wenn es darum geht, Deine Liebe zu empfangen und von Dir geliebt zu werden, möchte ich der egoistischste Mensch der Welt werden ". Das mag für dich wie ein Widerspruch klingen, aber in meinem Herzen wusste ich, dass der einzige Weg für mich, der Schrift zu gehorchen und in vollkommener Liebe zu wandeln, darin bestand, mit der göttlichen Liebe erfüllt zu werden, die nur von Ihm kommt.

Mein Gebet, der egoistischste Mensch im Empfangen seiner Liebe zu werden, wurde von dem Wunsch motiviert, ein selbstloses Leben in Liebe zu führen. Ich begann zu verstehen, je mehr ich lerne, die Liebe Gottes zu empfangen, desto mehr werde ich lieben können. Es wurde mein Wunsch, so erfüllt von der Liebe Gottes zu sein, dass sie aus mir herausfließen würde, dann zurück zu Gott und zu allen anderen um mich herum. Den ganzen Tag lang wiederholte ich immer wieder: „Ich bin Gottes Liebling. Er liebt mich so sehr. Danke, Gott, für die große Liebe, mit der du mich liebst." Obwohl die Liebe Gottes bereits in mein Herz ausgegossen worden war, führte ich mein Leben nicht in dem Erleben dieser Liebe. Ich erlebte einen täglichen Kampf zwischen Kopf und Herz. In meinem Kopf und durch meine Willensentscheidung glaubte und bekannte ich im Gehorsam gegenüber dem Wort Gottes, dass ich geliebt werde. Obwohl mein Herz diese Wahrheit nicht ganz verstanden hatte, beschloss ich, mich zu disziplinieren und die Wahrheit des Wortes Gottes über meinem Leben zu bekennen und zu verkünden, bis sie jede Faser meines Herzens getränkt hat. Ich erinnere mich an den herrlichen Moment, als mein Herz in diese wunderbare Übereinstimmung mit meinem Kopf kam, und ich ohne Zweifel wusste, dass ich sein Liebling bin.

Während dieses Prozesses wachte ich eines Tages mitten in der Nacht auf. Als ich auf den Wecker schaute, war es 3:19 Uhr. Ich wollte schlafen, weil ich müde war. Der Geist Gottes sprach zu meinem Herzen und sagte mir, ich solle aufstehen und Epheser 3,19 lesen. Ich kannte diese Schriftstelle, weil ich sie auswendig gelernt hatte. Aber ich hatte sie nur in meinem Kopf und nicht wirklich in meinem Herzen. Und jetzt fing Gott, durch seine Gnade, mitten in der Nacht an, mich zu lehren:

...und die Liebe Christi erkennet, die doch alle Erkenntnis übertrifft, auf dass ihr erfüllt werdet bis zur ganzen Fülle Gottes.

Als Gott anfing, mich über Seine bedingungslose Liebe für mich zu lehren, begann sich mein Herz zu verändern. Gott liebt uns nicht, weil wir gut sind; er liebt uns, weil er gut ist. Diese Offenbarung zu verstehen, ist lebensverändernd. Wenn wir glauben, dass Gott uns liebt, weil wir gut sind, haben wir ein Problem. Wir wissen, dass wir nicht immer gut sind; deshalb glauben wir tief in unseren Herzen, dass die Liebe Gottes bedingt ist. Dieser Glaube in unserem Herzen muss sich ändern. Ich bete, dass du durch dieses Buch zu der tiefen Überzeugung in deinem Herzen kommst, dass du Gottes Liebling bist. Ich wünsche, dass du dein Leben im Bewusstsein der unglaublichen Liebe Gottes zu dir führst.

Als ich mitten in der Nacht auf der Couch saß und über Epheser 3,19 meditierte, wurde dieser Vers in meinem Herzen lebendig. Die Folge der Erkenntnis der Liebe Christi ist, mit der ganzen Fülle Gottes erfüllt zu werden. Wenn ich dich fragen würde, ob du mit der ganzen Fülle Gottes erfüllt sein möchtest, bin ich sicher, dass du antworten würdest: „Ja!“.

Während ich über diese Schriftstelle nachdachte, begann ich zu beten: „Gott, ich wünsche mir so sehr, mit der ganzen Fülle Gottes erfüllt zu sein “. Ich begann mir vorzustellen, dass wir die ganze Welt erreichen könnten, wenn jeder Christ mit der ganzen Fülle Gottes erfüllt wäre. Jeder Pastor muss sich danach sehnen, dass seine Gemeinde mit der ganzen Fülle Gottes erfüllt wird. Stell dir vor, wie groß Gott ist. Stell dir Gottes unglaubliche Kraft vor: Nichts ist für Gott unmöglich. Er bietet jedem von uns die gleiche Fülle. Die Welt würde sich verändern, wenn wir alle mit dieser gleichen Fülle erfüllt wären. Als ich über das Gefülltsein mit der ganzen Fülle Gottes nachdachte und darüber betete, begann ich zu erkennen, dass es eine Bedingung für diese Verheißung gibt. Die Bedingung ist, die Liebe Christi zu kennen, durch welche mir Erkenntnis gegeben wird. Ich verharrte im Gebet und im Nachdenken: „Gott, wie kann ich etwas kennen, das die Erkenntnis übersteigt?“ Wie kann Gott zu mir sagen, dass der Weg, mit all seiner Fülle erfüllt zu werden, darin besteht, etwas zu erkennen, das ich gar nicht erkennen kann, weil es meine Erkenntnis übersteigt? Das klingt fast wie die Geschichte vom Esel mit der Karotte vor seiner Nase, der immer wieder versucht, etwas zu erreichen, das er nicht erreichen kann: „Gott, wie kann ich etwas erkennen, wenn es die Erkenntnis übersteigt?"

Ich erinnere mich sehr deutlich an diese Nacht. Ich bat Gott immer wieder, mein Herz und meinen Geist zu öffnen, um diesen Vers vollständig zu verstehen. „Gott, ich bin dein Liebling; danke, dass du mich so sehr liebst. Aber jetzt fühle ich mich fast so, als würde ich ausgetrickst werden. Du sagst mir, dass ich die Liebe Christi erkennen muss, aber dann sagst du mir, dass sie meine Erkenntnis übersteigt.“ Als ich dort mitten in der Nacht, allein mit Gott, saß, wurde es mir plötzlich klar. Wenn die Bibel davon spricht, die Liebe Christi zu erkennen, dann geht es nicht darum, etwas in meinem Kopf zu verstehen. In der westlichen Welt setzen wir Wissen über Erfahrung. Das entspricht aber nicht der hebräischen Kultur und Denkweise, in der das Neue Testament geschrieben wurde. Das griechische Wort, das hier für die Erkenntnis der Liebe Christi *(ginosko)* verwendet wird, bedeutet, etwas durch Erfahrung zu erkennen. Das gleiche Wort verwendeten die Juden auch für den Geschlechtsverkehr. Du kannst alles über Sex wissen, aber das wird keine Babys auf die Welt bringen. Wenn du heiratest und eine Familie gründen willst, wird das Wissen darüber, wie man Kinder bekommt, nichts bringen. Nur die Erfahrung der Intimität zwischen Mann und Frau wird tatsächlich Kinder erzeugen.

Das Wort Gottes sagt uns an dieser Stelle, dass wir zu einer erfahrungsmäßigen Erkenntnis der Liebe Christi kommen müssen, damit wir mit der ganzen Fülle Gottes erfüllt werden können. Es war der Schrei des Herzens des Apostels Paulus, dass die Gemeinde wirklich in der ständig erfahrenen Liebe des Herrn lebt. Paulus verstand die

Bedeutung dieser Wahrheit. In Römer 8 sagt er uns, dass es absolut nichts auf dieser Welt gibt, was uns von der Liebe Gottes trennen könnte. In Vers 38 steht:

> *Denn ich bin überzeugt, dass weder Tod noch Leben, weder Engel noch Fürstentümer noch Gewalten, weder Gegenwärtiges noch Zukünftiges, 39weder Hohes noch Tiefes, noch irgendein anderes Geschöpf uns zu scheiden vermag von der Liebe Gottes, die in Christus Jesus ist, unsrem Herrn!*

Dein Verstand wird nie in der Lage sein, die Tiefen der Liebe Gottes zu dir zu verstehen. Eines der Probleme in der Gemeinde ist, dass wir versucht haben, die Liebe Gottes im Kopf zu verstehen. Wie können wir verstehen, dass uns jemand liebt, wenn wir Ablehnung verdienen, wenn wir ihn im Stich gelassen und wenn wir ihn enttäuscht haben? Unser Verstand ist nicht in der Lage, diese wunderbaren Wahrheiten zu verstehen. Deshalb müssen wir ernsthaft danach streben, in der Erfahrung der Liebe Gottes zu leben.

Als all diese Dinge in meinem Leben zusammenkamen – von der Frau, die mir das Schild gekauft hatte, das heute noch in meinem Büro hängt, über Gott, der mich mitten in der Nacht um genau 3:19 Uhr aufweckte, bis hin zu Gott, der zu mir sprach, als ich morgens aufwachte – wurde mir klar, wie dringend er mir diese wichtige Lektion beibringen wollte. Ich bekam so eine Sehnsucht danach, die Liebe Gottes zu erfahren. Je mehr ich Seine Liebe erlebte, desto mehr wollte ich sie weitergeben. Jetzt konnte ich Gott wirklich so lieben, wie Er es von mir wollte – nicht mit meiner eigenen Phileo-Liebe, sondern mit einer Liebe, die Er mir zuerst gezeigt und gegeben hat.

Kapitel 14

Der religiöse Geist

Ich verabscheue den religiösen Geist. Der Apostel Paulus erlitt viel Verfolgung, weil er sich weigerte, die Wahrheit des Evangeliums und die Wahrheit des Kreuzes infrage zu stellen. Der religiöse Geist wird versuchen, unser Leben und unsere Gemeinden zu zerstören. Viele Menschen sind gegen das Christentum, weil der religiöse Geist die Gemeinden durchsetzt hat. Eine der Manifestationen dieses Geistes ist es, die Menschen davon zu überzeugen, dass sie die Liebe Gottes verdienen müssen. Er wird versuchen, uns davon zu überzeugen, dass Gott uns umso mehr wirklich lieben wird, je mehr wir unsere Bibel lesen, je mehr wir beten und fasten und je härter wir arbeiten, um Gott zu gefallen. Aber das ist von Dämonen inspiriertes religiöses Denken. Es ist völlig unmöglich, die Liebe Gottes zu verdienen. Du kannst sie nur frei, durch den Glauben, empfangen und erleben.

Unsere Bibel zu lesen, zu beten, zu fasten und Gott zu dienen, sind wichtige Dinge. Aber nichts von all diesen Dingen wird Gott dazu bringen, dich mehr zu lieben. Wenn wir die Liebe Gottes nur wirklich erfahren würden, würden wir ihm gerne dienen und ihm hingebungsvoll unser Leben geben. Ich bin überzeugt, dass die Leiter unserer Gemeinden nicht viel Zeit damit verbringen müssten, die Menschen dafür zu gewinnen, dem Herrn zu dienen, wenn die Gemeinden mit Mitgliedern gefüllt wären, die wirklich eine biblische Erkenntnis davon hätten, wie sehr der Herr sie liebt. Sie müssten ihre Zeit nicht damit verbringen, den Menschen zu sagen, dass sie ihre Finanzen für das Reich Gottes geben sollen. Zum Zeitpunkt des Opfers würden die Menschen fröhlich angerannt kommen, um dem Herrn hingebungsvolle Opfer zu bringen. Warum? Weil die

Liebe Gottes, die wirklich erfahren und verstanden wird, der größte Motivator für wahre Hingabe an Gott und den Dienst an ihm ist.

Ich möchte dich ermutigen und herausfordern, die Art und Weise, wie du dein Leben führst, zu ändern. Beginne über die Wahrheit nachzudenken, wie sehr Gott dein Leben liebt. Such dir morgens, wenn du aufstehst, noch bevor du etwas tust, einen ruhigen Ort in deinem Haus und nimm die Liebe Gottes für dich in Anspruch. Beginne einfach, deinen Mund zu öffnen und danke ihm dafür, wie sehr er dich liebt. Sage ihm, dass du dein Herz weit öffnest, um seine Liebe zu empfangen. Sage Ihm, dass du sehnsüchtig und hungrig danach bist, seine Liebe zu erfahren.

Der Teufelskreis der Gunst-Linie

Die Menschen leben mit einer imaginären Gunstlinie im Kopf. Das ist eine schreckliche Sache. Während wir aufwachsen, machen wir unterschiedliche Erfahrungen in Bezug auf Liebe. Diese Erfahrungen, und insbesondere die Art und Weise, wie Autoritätspersonen uns während unserer Kindheit behandelt haben, prägen unser Leben. Diese Menschen haben eine imaginäre Gunst-Linie in unserem Kopf erzeugt. Sie vermitteln in uns den Glauben, dass wir uns etwas verdient haben, wenn wir in einer für sie angenehmen Weise handeln und damit bekommen wir ihre Liebe.

So gibt es nun in unserem Kopf diese Gunst-Linie. Wenn wir ihre Gunst haben wollen, müssen wir uns in einer bestimmten Weise verhalten, die ihnen gefällt. Wir zeichnen diese imaginäre Linie in unserem Kopf. Ist unser Verhalten gut, dann liegt es über dieser Linie, und deshalb verdienen wir jetzt ihre Gunst. Aber wenn unser Verhalten schlecht ist, fällt es unter diese imaginäre Linie und wir glauben, dass wir ihre Liebe und Gunst jetzt nicht verdienen. Diese Linie wird durch Anweisungen wie diese erzwungen: „Oh, was für ein braver Junge / braves Mädchen du bist. Papa / Mama ist so stolz auf dich.“ Anstatt uns zu sagen, dass unsere *Handlungen* gut waren, wird uns gesagt, dass *wir* gut *sind*, wenn wir ihre Erwartungen erfüllen.

Das projizieren wir auch auf Gott. Religion verstärkt dieses Denken und diese Gunst-Linie noch mehr. Wenn du richtig handelst, bist du gut, und Gott ist stolz auf dich und gibt dir seine Gunst und Liebe. Dies steht im völligen Gegensatz dazu, wie Gott wirklich ist. Denke daran, Gott liebt uns, weil Er gut ist, nicht weil wir gut sind. Im Herzen Gottes gibt es keine Gunst-Linie. Wir haben bereits Gottes unbegrenzte Gunst. Gott ist Liebe, Punkt!

Oft ist diese Gunst-Linie tief in unserem Unterbewusstsein vergraben. Wir bringen sie in unsere Beziehung zu Gott ein. Es gibt einen sehr großen, aber feinen Unterschied dazwischen, ob ich etwas für Gott tue, *weil* Er mich liebt oder weil ich mir seine Liebe *verdienen* will. Ich diene Gott; ich lese meine Bibel; ich bete und faste – nicht wegen einer imaginären Gunst-Linie in meinem Kopf, sondern weil Gott mich bedingungslos liebt. Ich kenne die Realität dieser Gunst-Linie aus eigener Erfahrung. Ich habe früher damit gelebt. Es ist eine sehr anstrengende Art, das Leben zu leben.

Johannes 4,19 sagt, *dass wir ihn lieben, weil er uns zuerst geliebt hat.* Das Wort *Liebe* ist hier das Wort *agape*. Du bist völlig unfähig, Gott mit dieser Art von Liebe zu lieben, wenn du sie nicht zuerst von ihm empfängst. Wir müssen süchtig danach werden, die Liebe Gottes zu empfangen. Wir müssen dauerhaft in der Erfahrung, dem Wissen und dem Bewusstsein seiner bedingungslosen Liebe leben. Kurz gesagt, wir müssen glauben und verstehen, dass mit unserer Errettung Gottes bedingungslose Liebe in unsere Herzen ausgegossen wurde. Dann müssen wir in der täglichen Erfahrung dieser Liebe wandeln, bis unsere Herzen davon überzeugt sind, dass wir wirklich geliebt und Gottes Lieblinge sind.

Wenn du erkannt hast, dass du diese imaginäre Gunst-Linie in deinem Unterbewusstsein hast, dann bete jetzt dieses Gebet mit mir:

Herr Jesus, ich danke Dir, dass Du mich so sehr liebst. Ich erkenne, dass mein Herz nicht ganz von Deiner Liebe zu mir überzeugt ist. Ich habe versucht, Deine Liebe zu verdienen. Ich bete, dass Du mein Herz durchsuchst und jede bewusste und unbewusste Erinnerung an bedingte Liebe auslöschst, sogar in meinen zellulären Erinnerungen. Ich bete, dass Du jede imaginäre Gunst-Linie aus meinem Herzen entfernst. Ich vergebe allen, die mich verwundet haben und zu meinem Wachstum und Glauben daran, dass Liebe bedingt ist, beigetragen haben. Ich werde nicht mehr versuchen, Deine Liebe zu verdienen. Fülle jede Faser meines Seins mit der Erfahrung Deiner vollkommenen, bedingungslosen Liebe, bis mein Herz und jede zelluläre Erinnerung davon überzeugt ist. Ich danke Dir für das vollbrachte Werk des Kreuzes Jesu Christi, das mich angenommen und geliebt hat, unabhängig von allem, was ich tue. Ich empfange Deine Liebe; ich begehre Deine Liebe; Ich öffne mein Herz weit für Deine Liebe. In Jesu mächtigem Namen. Amen.

Kapitel 15

Den Blick auf Jesus richten

Ein Grund, warum Christen sich schwer damit tun, die Liebe Gottes zu verstehen, ist, dass sie das Alte und das Neue Testament nicht in Einklang bringen können. Sie lesen im Alten Testament Dinge, die sie glauben lassen, Gott sei ein wütender Gott. Wenn man Gott jedoch wirklich verstehen will, dann muss man auf Jesus schauen. Alles im Alten Testament deutet auf Christus hin. Kolosser 1,15 sagt:

> *[Christus] welcher das Ebenbild des unsichtbaren Gottes ist, der Erstgeborene aller Kreatur.*

Wenn du wirklich erkennen willst, wie Gott ist, dann musst du die Evangelien lesen und auf Jesus Christus schauen. Nur das gibt uns ein klares Bild davon, wie Gott ist, derjenige, den wir mit unseren natürlichen Augen nicht sehen können. Jesus ist das perfekte Bild des Gottes, den man nicht sehen kann.

Wenn du die Evangelien studierst, die Lehren Jesu liest und dir seine Handlungen ansiehst, dann wirst du schnell feststellen, dass er der Ausdruck von vollkommener, bedingungsloser Liebe und von Mitgefühl war. In Matthäus 9 steht, dass *Jesus von Mitgefühl bewegt wurde.* Jesus kümmerte sich um die Bedürfnisse der Menschen. Er trotzte seiner eigenen Kultur und behandelte Frauen mit Ehre und Respekt. Er liebte die kleinen Kinder, und die Sünder wurden zu ihm hingezogen. Er konfrontierte die damaligen religiösen Führer, die es den Menschen unmöglich machten, die bedingungslose Liebe Gottes zu erfahren.

Wenn du das Gleichnis vom verlorenen Sohn in Lukas 15 studierst, wirst du die leidenschaftliche Liebe Gottes sehen. In diesem Gleichnis geht es nicht wirklich um den verlorenen Sohn, der das Erbe des Vaters verschleudert hat, sondern um die leidenschaftliche, bedingungslose Liebe von Gott, dem Vater. Wir sehen in diesem Gleichnis mehrere Dinge, die der religiösen Denkweise der Pharisäer und Sadduzäer direkt entgegenstanden. Der Sohn vergeudete das komplette Erbe des Vaters und beschloss reumütig, zu ihm zurückzukehren. Er war in einer Haltung der Reue, da er überzeugt war, dass er die Ablehnung seines Vaters verdient hatte. Der Sohn sagt:

> *Ich will mich aufmachen und zu meinem Vater gehen und zu ihm sagen: Vater, ich habe gesündigt gegen den Himmel und vor dir, ich bin nicht mehr wert, dein Sohn zu heißen; mache mich zu einem deiner Tagelöhner! (Lk 15,18-19)*

Er erwartete, dass der Vater ihm das gibt, was er wirklich verdient hatte, nämlich als Sklave zu leben.

Lukas 15,20 sagt:

> *Und er machte sich auf und ging zu seinem Vater. Als er aber noch fern war, sah ihn sein Vater und hatte Erbarmen, lief, fiel ihm um den Hals und küsste ihn.*

Hier sind einige Dinge, auf die wir achten sollten:

1. *Der Vater sah ihn, als er noch weit weg war.* Wie hätte der Vater ihn sehen können, wenn er nicht aktiv nach ihm gesucht hätte? Das zeigt das Herz unseres Vaters im Himmel, der sich danach sehnt, dass jedes einzelne seiner Kinder in seiner Gegenwart ist, egal was sie getan haben.

2. *Er hatte Erbarmen.* Egal, wie sehr wir versagt haben, egal wie schrecklich wir uns fühlen, weil wir Gott enttäuscht haben, sein Herz zu uns ist immer zärtlich und mitfühlend. Jedes Gegenteil, das wir glauben, ist eine Lüge. Im Herzen des Vaters ist kein Zorn

gegenüber uns, nur Mitgefühl. Der Zorn Gottes wurde auf seinen eigenen Sohn, Jesus Christus, gelegt, damit wir dieses Mitgefühl erfahren können.

3. *Der Vater rannte ihm entgegen.* Die Juden trugen keine Hosen, wie es die Menschen in unserer Kultur tun; sie trugen Gewänder. Es gibt verschiedene griechische Wörter, die im Neuen Testament für *rennen* verwendet werden. Ein Wort bedeutet, in einem konstanten Tempo zu joggen. Ein anderes Wort *(Trecho)* bedeutet *Sprint.* Hier wird das Wort für Sprint verwendet. Ein Mann konnte nicht sprinten, wenn er nicht sein Gewand hochzog, was eine völlige Schande für ihre Kultur war. Der Vater war bereit, sich zu blamieren, um seine Liebe zu seinem Sohn zu zeigen.

4. Dann sagt die Bibel, dass *er ihm um den Hals gefallen ist und ihn geküsst hat.* Die Bedeutung ist hier eine liebevolle Umarmung und ein kontinuierliches, leidenschaftliches Küssen. Was ich in diesem Gleichnis besonders liebe, sind die Verse 21-23:

> *Der Sohn aber sprach zu ihm: Vater, ich habe gesündigt gegen den Himmel und vor dir, ich bin nicht mehr wert, dein Sohn zu heißen! 22Aber der Vater sprach zu seinen Knechten: Bringet eilends das beste Feierkleid her und ziehet es ihm an, und gebet ihm einen Ring an die Hand und Schuhe an die Füße; 23und bringet das gemästete Kalb her und schlachtet es; lasset uns essen und fröhlich sein!*

Der Sohn war voller Schuld, Scham und Verdammnis. Der Vater ignorierte seine Aussagen völlig, anstatt ihm zuzuhören und zuzustimmen. Er brachte seine Gefühle von Schuld und Verdammnis zum Schweigen, indem er ihn mit seiner Liebe überschüttete.

Dieses Gleichnis zeigt die Liebe unseres Vaters auf die wundervollste Weise. Alles, was wir in den Evangelien an Jesus sehen, drückt die leidenschaftliche Liebe Gottes aus. Versuche nicht, Gott durch Bibelstellen aus dem Alten Testament zu verstehen, die du nicht verstanden hast. Du musst auf Jesus schauen. Er ist der perfekte Ausdruck des Gottes, der uns leidenschaftlich liebt. Ich habe eine Frage an dich. Bevor du weiterliest, möchte ich, dass du innehältst, das Buch weglegst und diese Frage beantwortest. Wie liebt Gott der Vater seinen eigenen Sohn, Jesus Christus? Denke darüber nach und gib eine ehrliche Antwort auf diese Frage. Ich werde warten...

Jeder, den ich jemals diese Frage gestellt habe, hat auf ähnliche Weise geantwortet. Alle meinen, dass Gott Jesus natürlich mit einer vollkommenen Liebe liebt. Schließlich ist Jesus sein einziger Sohn; er ist vollkommen und gehorchte seinem Vater in allen Dinge. Er ist Gott. Er lebte, um seinen Vater im Himmel zu erfreuen. Also hat Gott ihn natürlich vollkommen geliebt. Es ist wahr, dass Gott Jesus mit einer vollkommenen Liebe liebt. Wir haben kein Problem damit, das zu glauben.

Lass mich dir jetzt eine kraftvolle Schriftstelle zeigen. Sieh dir Johannes 15,9 an. Das sind die Worte, die Jesus zu seinen Jüngern sprach:

> *Gleichwie mich der Vater liebt, so liebe ich euch; bleibet in meiner Liebe!*

Wenn deine Antwort auf meine Frage, wie sehr Gott Jesus geliebt hat, lautet: „Natürlich hat er ihn vollkommen geliebt“, dann musst du auch glauben, dass Jesus dich vollkommen liebt. Seine Worte sind sehr eindeutig. So wie der Vater Jesus geliebt hat, so liebt Jesus dich auch. Da er ein Ausdruck des unsichtbaren Gottes ist, liebt Gott dich genauso.

Bevor Jesus seinen Dienst begann, bevor er ein einziges Wunder tat oder etwas tat, um seinem Vater zu dienen, ging er an den Jordan, um sich taufen zu lassen. Nach der Taufe wurden die Himmel geöffnet, und die Stimme Gottes sprach:

> *Dies ist mein lieber Sohn, an dem ich Wohlgefallen habe! (Mt 3,17)*

Gott liebte Ihn außerordentlich. Denke daran, dass Jesus dich auf genau die gleiche Weise liebt. Unabhängig von allem, was du jemals für ihn tust, spricht er jetzt zu dir: „Du bist mein geliebter Sohn / meine geliebte Tochter, an dem / der ich mein Wohlgefallen habe."

Vielleicht denkst du: „Wie kann er mit mir zufrieden sein?“ Vielleicht denkst du: „Pastor, du hast keine Ahnung von meinem Leben. Ich habe versagt und Gott enttäuscht.“ Doch das ist ein abwegiger Gedanke. Wie kannst du Gott enttäuschen? Du kannst nur jemanden enttäuschen, der eine bestimmte Erwartung an dich hat. Gott kennt die Zukunft. Als Gott sich entschied, dich zu lieben, kannte er jede Sünde, jedes Versagen und jeden Fehler deines Lebens – in der Vergangenheit, Gegenwart und Zukunft. Deshalb kann er nicht enttäuscht von dir sein.

Jesus sagt nicht nur, dass er uns liebt, wie der Vater ihn geliebt hat; er fährt fort, indem er sagt, dass wir in seiner Liebe bleiben müssen. Wir müssen ständig in der Liebe leben, die Jesus für uns hat. Es gibt absolut keinen Unterschied zwischen der Liebe, die Gott, der Vater, für seinen Sohn Jesus hat, und seiner Liebe zu dir. Du musst beständig mit deinem Wissen und mit deiner Erfahrung in dieser vollkommenen Liebe zu dir bleiben. Der religiöse Geist will uns ständig dazu verleiten, zu denken und zu glauben, dass wir uns irgendwie die Liebe Gottes verdienen müssen.

Wirklich an die Liebe Gottes zu glauben, ist Demut. Sie abzulehnen ist Stolz. Zu glauben, dass man die Liebe Gottes verdienen und hart dafür arbeiten muss, ist kein Zeichen von Demut, sondern ein Zeichen von Stolz. Inwiefern? Denn indem wir daran glauben, sagen wir das, was *wir* sagen, ist richtig und nicht das, was Gott sagt. Es ist wahre Demut, alles zu empfangen, was Gott für uns hat, einschließlich seiner Liebe. Du musst jeden Tag zum Spiegel gehen, lächeln und sagen: „Hier ist Gottes Lieblingskind.“ Jesus Christus hat einen so hohen Preis bezahlt, um uns seine Liebe zu beweisen. Dieses kostenlose Geschenk abzulehnen, ist eine schreckliche Sache. Wir müssen uns immer wieder daran erinnern, dass wir nichts zu geben haben, wenn wir nicht die Liebe Gottes empfangen. Unsere Liebe ist einfach nicht gut genug.

Kapitel 16

Annahme verstehen

Denn ihr habt nicht einen Geist der Knechtschaft empfangen, dass ihr euch abermal fürchten müsstet, sondern ihr habt einen Geist der Kindschaft empfangen, in welchem wir rufen: Abba, Vater! (Röm 8,15)

Und aus Liebe hat er uns vorherbestimmt zur Kindschaft gegen ihn selbst, durch Jesus Christus, nach dem Wohlgefallen seines Willens. (Eph 1,5)

Das ist eine kraftvolle Wahrheit. Wir wurden nicht in die Familie Gottes hineingeboren, wir wurden in sie aufgenommen. Du hast nicht entschieden, in welche Familie du geboren wurdest. Du hast dir deine Eltern nicht ausgesucht, und deine Eltern haben dich nicht ausgewählt. Kinder werden einfach in eine Familie hineingeboren und müssen in der Familie, in die sie geboren wurden, leben und aufwachsen. Die Bibel sagt, dass wir nach dem guten Vorsatz des Willens Gottes als Kinder angenommen wurden. Es war für Gott eine unglaubliche Freude, dich in seine Familie aufzunehmen. Wenn Eltern ein Kind adoptieren, durchlaufen sie einen langen Prozess. Sie bedenken diesen Prozess sehr sorgfältig. Sie wählen das Kind, das sie adoptieren wollen, weil sie ihre Liebe zu einem Kind, das eine Zukunft braucht, unbedingt zum Ausdruck bringen wollen.

Gott sah dich und mich an und sah, dass wir keine Hoffnung und keine Zukunft ohne ihn hätten. Er entschied sich, uns auszuwählen und uns in seine Familie aufzunehmen. Wir können fälschlicherweise denken, dass wir Gott gewählt haben – aber das ist nicht die

Wahrheit. Wir haben nur auf die Auserwählung Gottes reagiert. Jesus sagte zu seinen Jüngern,

> *Nicht ihr habt mich erwählt, sondern ich habe euch erwählt. (Joh 15,16)*

Vielleicht hat deine irdische Familie dich abgelehnt; vielleicht hast du nie Liebe von jemandem empfangen, und das hat dich sehr unsicher gemacht. Aber wenn du heute verstehst, dass du nicht nur zufällig ein Christ bist, sondern dass du von Gott selbst handverlesen und auserwählt wurdest, um in seine Familie aufgenommen zu werden, dann wird diese mächtige Wahrheit jede Unsicherheit in deinem Leben zerstören.

Wie wird der Wert ermittelt?

Ich möchte, dass du dir dieses Bild sehr genau ansiehst.

Dies ist das Gemälde „Der Schrei". Es wurde von einem norwegischen Künstler, Edvard Munch, gemalt und 1893 fertiggestellt. Zum

Zeitpunkt der Erstellung dieses Buches betrug der Betrag, für den dieses Bild verkauft wurde, 119,9 Millionen Dollar. Ich persönlich mag dieses Bild nicht. Es ist meiner Meinung nach sogar sehr hässlich. Aber bevor du hier weiterliest, möchte ich, dass du dieses Bild sorgfältig studierst und analysierst. Ich möchte, dass du diese Frage beantwortest: Glaubst du, dass dieses Bild 119,9 Millionen Dollar wert ist?

Im Jahr 2012 wurde die Pastellversion dieses Gemäldes für diese enorme Geldsumme in New York versteigert. Wenn ich mir dieses Gemälde ansehe und an diese riesige Summe Geld denke, denke ich darüber nach, wie viele Waisenhäuser wir bauen könnten und wie viele hungrige Menschen wir mit dieser Summe ernähren könnten. Ich hoffe, dass du die Frage, ob dieses Bild 119,9 Millionen Dollar wert ist, inzwischen beantwortet hast. Die meisten sind total davon überzeugt, dass dieses Bild bei weitem nicht so viel Geld wert ist, aber der Wert dieses Gemäldes beträgt 119,9 Millionen Dollar.

Vielleicht bist du schockiert, wenn du das liest und denkst: „Reinhard, das ist völlig lächerlich. Dieses Bild kann doch nie so viel Geld wert sein." Doch, das ist es. Lass mich dir sagen, warum dieses Bild so viel wert ist, indem ich dir zuerst eine Frage stelle: Wer legt den Wert von etwas fest? Der Wert wird immer von der Person bestimmt, die den Preis zahlt; ohne Ausnahme. Angenommen du entscheidest dich, ein Geschäft zu eröffnen und Nike-Schuhe für nur dreißig Dollar pro Paar zu verkaufen; wer bestimmt dann wirklich den Wert dieser Schuhe? Du oder die Leute, die für sie bezahlen? Wenn jeder, der in dein Geschäft reinkommt und deine Schuhe sieht, entscheidet, dass sie keine dreißig Dollar wert sind und sie deswegen auch nicht kauft, wirst du bankrottgehen. Es macht keinen Unterschied, ob die Schuhe gut oder schlecht sind; es macht keinen Unterschied, welchen Preis du für die Schuhe festlegst. Du bestimmst den Wert nicht, auch wenn du vielleicht denkst, dass du es tust. Stell dir andererseits vor, ich eröffne einen Laden gegenüber von dir und beschließe, Adidas-Schuhe ähnlicher Qualität für 300 Dollar pro Paar zu verkaufen. Wenn jeder, der in meinen Laden kommt, diese Schuhe liebt und den von mir geforderten Betrag zahlt, werde ich reich werden und du wirst bankrottgehen. Aus welchem Grund? Weil die Menschen, die dafür bezahlen, den Wert festlegen. Das ist eine Wahrheit, die viele Menschen nicht akzeptieren wollen.

Genau deshalb ist dieses Bild 119,9 Millionen Dollar wert. Eines Tages sah sich Leon Black dieses Gemälde an und sagte: „Ich bin bereit, 119,9 Millionen Dollar dafür zu zahlen." Also bestimmte er den Wert. Egal in welchen Laden du gehst, der Preis wird am Ende nicht vom Ladenbesitzer bestimmt, sondern von den Menschen, die bereit sind, für die Ware zu bezahlen. Wenn die Produkte niemand kauft, sind sie völlig wertlos. Deshalb versuchen Werbespots und Anzeigen, uns davon zu überzeugen, dass wir ihre Produkte brauchen – denn wenn wir bereit sind, für sie zu bezahlen, dann legen wir ihren Wert fest.

Was hat das mit der Liebe Gottes zu dir und zu mir zu tun? Das hat sehr viel mit seiner Liebe zu uns zu tun. Wer hat für dich und mich bezahlt? Und welchen Preis hat er bezahlt? Haben wir uns selbst gerettet? Haben wir uns erlöst? Die Antwort ist offensichtlich; das haben wir nicht. Jesus Christus hat uns erlöst und erkauft. Der Preis, den Gott für dich und mich bezahlt hat, war das Leben seines einzigen Sohnes. Weil Gott der Einzige ist, der für uns bezahlt hat, ist er der Einzige, der unseren Wert bestimmen kann. In 1. Petrus 1,18-19 steht:

> *...da ihr ja wisset, dass ihr nicht mit vergänglichen Dingen, mit Silber oder Gold, losgekauft worden seid von eurem eitlen, von den Vätern überlieferten Wandel, sondern mit dem kostbaren Blute Christi, als eines unschuldigen und unbefleckten Lammes.*

Du und ich haben einen Preisaufkleber auf unserem Leben, der unseren Wert beschreibt. Was ist der Wert? Dein Wert ist höher als alles andere in diesem Universum.

Das ist, was Jesus für uns bezahlt hat: Er meinte, wir seien so wertvoll, dass er bereit war, geschlagen, gefoltert und sogar von seinem Vater im Himmel getrennt zu werden. Als ihm die Dornenkrone auf den Kopf gesetzt wurde, die Nägel durch seine Hände und Füße geschlagen wurden, als er die Qualen der brutalen Folter erlitt, bestimmte er deinen und meinen Wert. Niemand hat Jesus getötet. Jesus sagte:

„Niemand kann mir mein Leben nehmen, ich lege es freiwillig nieder" (siehe Johannes 10,17-18). Vor der Kreuzigung sagte Jesus: *„Ich könnte jetzt Engel rufen, und sie würden mich retten"* (siehe Mt 26,53).

Er sagte auch: *„Vater, in deine Hände lege ich meinen Geist"* (Lukas 23,46). Sein Leben wurde ihm nicht genommen, sondern er hat es freiwillig hingelegt. Er tat all das, um deinen Wert zu festzulegen. Ich habe ein Preisschild auf meinem Leben, und dieses Schild spricht von meinem Wert. Meine Eltern haben meinen Wert nicht bestimmt. Meine Freunde bestimmen nicht meinen Wert. Meine Vergangenheit, ob gut oder schlecht, bestimmt nicht meinen Wert. Nichts von all diesen Dingen oder Leuten hat für mich bezahlt. Es spielt keine Rolle, was der Teufel dir sagt. Es spielt keine Rolle, wie sehr er versucht, dich zu verurteilen. Mit Selbstvertrauen kannst du ihm sagen, er soll die Klappe halten! Du kannst das sagen, weil du vor Gott sehr wertvoll bist. Als ich aufwuchs, glaubte ich nicht, dass ich irgendeinen Wert hätte. Im Alter von 12 Jahren unternahm ich meinen ersten Selbstmordversuch. Die Leute sagten, dass es für mich keine Hoffnung oder Zukunft gibt. Lange Zeit glaubte ich an diese Lügen. Ich bin Gott ewig dankbar, dass Er meinen Wert durch den Preis bestimmt hat, den Er bereit war zu zahlen.

So wie dieses Gemälde 119,9 Millionen Dollar wert ist, weil jemand bereit war, dafür zu bezahlen, so hast auch du den höchstmöglichen Wert, weil Gott bereit war, für dich zu bezahlen. Jesaja 53 spricht über das Leiden Christi am Kreuz. Vers 10 ist eine Schriftstelle, die mein Leben sehr tief geprägt hat. Das ganze Kapitel beschreibt das tiefe Leiden Jesu Christi für dich und mich, um unseren Wert zu bestimmen. Da steht: „Es hat dem Herrn gefallen, ihn zu zerschlagen.“ Warum hat es Gott gefallen, seinen eigenen Sohn zu zerschlagen? Weil es der einzige Weg war, mit dem Gott uns wirklich unseren Wert zeigen konnte.

Meine Frau und ich haben zwei Söhne. Es ist für mich unvorstellbar, daran zu denken, meine eigenen Kinder brutal zu foltern, um das Leben eines anderen zu retten, insbesondere eines Feindes von mir. In Römer 5,10 lesen wir,

> *Denn wenn wir, als wir noch Feinde waren, mit Gott versöhnt worden sind durch den Tod seines Sohnes, wieviel mehr werden wir als Versöhnte gerettet werden durch sein Leben!*

Doch die Bibel sagt, dass es Gott gefiel, dies für dich und mich zu tun. So hat Er einen Preisaufkleber auf unser Leben geklebt. Wenn du diese Wahrheit verstehst, kannst du jede Ablehnung überwinden, die du jemals in deinem Leben erlitten hast.

Fazit

Genauso wie wir die Bedeutung der Liebe Gottes studiert haben, bete ich, dass jeder, der dieses Buch liest, davon erfasst wird, ein Leben der Liebe zu führen. Es ist mein Wunsch, dass dieses Buch nicht nur eines von vielen anderen Büchern auf dem Markt sein wird. Es gibt nichts Höheres, was wir erreichen können, als in der göttlichen Liebe zu wandeln. Du kannst allen Glauben haben; du kannst prophezeien; du kannst den mächtigsten Dienst, die wunderbarste Familie oder das erfolgreichste Geschäft haben und doch keine Liebe haben.

Die biblische Definition eines erfolgreichen Lebens ist es, in vollkommener Liebe zu leben. Wie Gott es ausdrückte: „Egal, wie erfolgreich du bist, wenn du nicht die göttliche Liebe hast, bist du nichts." Auf der anderen Seite sagt Gott, dass die Liebe nie scheitert. Möchtest du ein Leben, das nie scheitern und in den Augen Gottes garantiert ein Erfolg wird? Dann führe dein Leben in der göttlichen Liebe. Empfange jeden Tag deines Lebens die Liebe Gottes. Beginne deinen Tag richtig, indem du empfängst und dich darauf konzentrierst, wie sehr Gott dich liebt. Dann lerne, wie man in dieser Liebe lebt. Wenn du versagst, verzweifle nicht, sondern kehre einfach um, bitte Gott, dir zu vergeben, und übe weiterhin, in Liebe zu leben. Der einzige Weg, wie du darin wachsen kannst, ist, über diese Wahrheiten zu meditieren und sie jeden Tag zu praktizieren. Gib dich Christus hin und lebe ein Leben in Liebe, denn...

Liebe versagt nie!

Weitere Bücher von Reinhard Hirtler:

Reinhard Hirtler
Leben ohne Begrenzungen

Was genau bedeutet es für meinen Alltag, wenn Jesus sagt "Es ist vollbracht"? Kann ich ein Leben ohne Grenzen leben? Gott sagt ganz klar: JA! Das klingt radikal, aber ist wahr! Wenn du die Wahrheiten in diesem Buch annimmst und glaubst, wirst du erleben können, wie finanzielle, physische, spirituelle und emotionale Grenzen aus deinem Leben verschwinden werden.

Preis: 13,50 € | ISBN: 9783926395887

Reinhard Hirtler
Leben aus der Fülle des Neuen Bundes

Dies ist ein Buch, welches Grenzen sprengt, auf Neues hinweist und das Potential hat lebensverändernd zu sein, weil du siehst, was Gott dir geschenkt hat.
Die Worte "Es ist vollbracht" waren keine Theorie sondern sind die Praxis für dein Leben - ein Leben in der Fülle des Segens Gottes!

Preis: 13,50 € | ISBN: 9783926395863

Reinhard Hirtler
Gottes übernatürliche Versorgung

Durch dieses Buch wirst du erfahren, dass Gott unbedingt Wohlstand und Wohlergehen für dich möchte, damit du alles hast, was du brauchst, um seinen Willen in deinem Leben umsetzen zu können.

Preis: 14,00 € | ISBN: 9783926395764

Reinhard Hirtler
Der richtige Umgang mit Prophetie

Dieses Buch stellt einen Leitfaden für jeden Gläubigen dar, wie er im prophetischen Dienst aktiv werden und wachsen kann. Es zeigt, dass jeder Christ Gottes Stimme hören und damit die Gemeinde ermutigen und erbauen kann.

Preis: 12,50 € | ISBN: 9783926395757

Reinhard Hirtler
Die Kraft zu vergeben

In diesem Buch beschreibt Reinhard Hirtler, der selbst Missbrauch durchlebt hat, auf einfühlsame und verständnisvolle Weise, wie wir die Kraft zu vergeben bekommen können. Dabei nutzt er bewährte biblische Prinzipien.
Die wahren Geschichten in diesem Buch verdeutlichen die Wichtigkeit und die Kraft der Vergebung

Preis: 13,95 € | ISBN: 9783926395542

Viele weitere Bücher finden Sie in unserem kostenlosen Katalog.

Bestellung & kostenlose Kataloganforderung:

Aufbruch-Verlag
Gemeinde auf dem Weg e.V.
Waidmannsluster Damm 7c-e
13507 Berlin
Tel. : 030 857 91 9 444
Fax: 030 857 91 9 80
E-Mail: info@gadwmedien.de
Webshop: www.gadwmedien.de

Informationen zu Büchern und Autoren:
www.aufbruch-verlag.de